Inhaltsverzeichnis

Bildungsbereiche

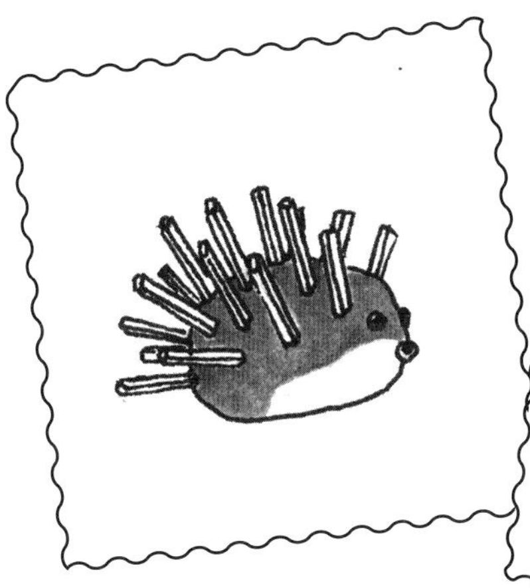

Vorwort

Liebe Kolleginnen und Kollegen,

sobald der Herbst Einzug hält, können wir viele Veränderungen in der Natur entdecken.
Es fängt an, kälter zu werden, wir erleben regnerische und windige, aber auch noch einige sonnige Tage, die mit ein bisschen Wind dazu einladen, Drachen steigen zu lassen. Die Blätter der Bäume färben sich bunt. Später im Herbst können wir beobachten, wie die Bäume kahl werden. Wir sehen, wie sich die Tiere verhalten: Einige Vögel bereiten ihre „Flucht“ in wärmere Gebiete vor. Andere Tiere bauen sich warme Nester und sammeln Vorräte, bzw. fressen sich einen dicken Winterspeck an.
Außerdem erwartet uns eine reichhaltige Ernte im Herbst. Wir sehen Obst, Gemüse und Getreide heranreifen und beobachten, wie es später geerntet wird.

In dieser Projektmappe gibt es zahlreiche praktisch erprobte Anregungen und Ideen, wie das Thema „Herbst“ kindgerecht und erlebnisorientiert umgesetzt werden kann. Mit allen Sinnen erleben die Kinder, welche Früchte im Herbst geerntet werden, und lernen diese genauer kennen. Kastanien, Eicheln, Bucheckern etc. laden zum Spielen, Basteln und Entdecken ein. Den Kindern wird vermittelt, welche Getreidesorten es gibt, wie sie geerntet werden und wie hinterher ein leckeres Brot daraus entstehen kann.
Die Kinder entdecken, warum sich die Blätter im Herbst bunt färben und schließlich herunterfallen.
Eine große Wald-Rallye rundet das Projekt schließlich ab.

In der vorliegenden Projektmappe werden alle Erziehungs- und Bildungsbereiche berücksichtigt. Die Angebote sind ihrem jeweiligen Schwerpunkt zugeordnet – können allerdings auch, je nach Zielsetzung der Erzieherin, andere Bildungsbereiche abdecken.
Alle Aktivitäten beinhalten eine Materialliste, ausführliche Spielanleitungen und ggf. Varianten für ältere oder jüngere Kinder sowie Kopiervorlagen. Sämtliche Angebote sind so ausgewählt, dass sie mit der Altersgruppe von 2 bis 6 Jahren durchgeführt werden können.

Weitere Themen, die sich im Herbst anbieten, sind zum Beispiel „Erde“ oder „Luft“ oder „Ernährung“. Diese Themen sind als separate Projektmappen beim BVK Buch Verlag Kempen GmbH erschienen und können bei Bedarf als Ergänzung zum Thema „Herbst“ dienen.

Ich wünsche Ihnen und Ihren Kindern eine wunderschöne bunte Herbstzeit!

Jenny Hütter

Rückmeldung:
Gern lese ich Ihre Meinung
zu der Projektmappe
„Herbst“:
jenny-huetter@web.de

Hinweis:
Aus Gründen der besseren Lesbarkeit wird im Folgenden auf eine sprachliche Differenzierung der weiblichen und männlichen Bezeichnungen verzichtet. Da die Erzieher in Kindertageseinrichtungen zumeist weiblich sind, haben wir uns hier für die weibliche Form entschieden. Selbstverständlich sind stets alle Geschlechter angesprochen.

Vorbemerkungen und Arbeitshinweise

Zu den verwendeten Symbolen

Bildungsbereiche (jeweils das äußerste Symbol oben rechts auf den Arbeitsblättern):

 Sprachliche Bildung

 Musikalische Bildung

 Ästhetische Erziehung

 Umwelt-, Sach- und Naturbegegnung

 Gesundheit und Ernährung

 Mathematische Bildung

 Feste und Feiern

 Wahrnehmung und Entspannung

 Körpererfahrung und Bewegung

 Sozialerfahrungen

Sonstige Symbole:

 geeignet für die Begabtenförderung

 für unter 3-Jährige geeignet

Layout:

- Die Seiten mit dem **Baum** im Layout unten rechts sind für die Erzieherin gedacht.
- Die Seiten mit dem **Drachen** unten rechts sind Arbeitsblätter, die direkt mit den Kindern bearbeitet werden können.

Wissenswertes zum Thema „Herbst“

Laubbäume und ihre bunten Herbstblätter

Die Blätter an den Bäumen bestehen aus winzigen Zellen. In diesen Zellen befindet sich ein grüner Farbstoff (deshalb sind die Blätter im Frühjahr und Sommer grün), der Chlorophyll genannt wird. Das ist ein wichtiger Nährstoff für den Baum. Der Baum produziert Chlorophyll bei einem Prozess, der Fotosynthese. Dabei saugt der Baum Wasser und Mineralien über die Wurzeln auf und transportiert diese zu den Blättern.

Das Sonnenlicht regt das Chlorophyll dazu an, der Luft Kohlendioxid zu entziehen. Dieses reagiert mit Wasser und es entstehen Traubenzucker und Sauerstoff. Der Traubenzucker dient dem Baum als Nährstoff und wird zum Aufbau neuer Zellen gebraucht. Der Sauerstoff wird an die Luft abgegeben und von Mensch und Tier zum Atmen benötigt.

Im Herbst zieht der Baum das Chlorophyll aus den Blättern. Ohne diesen Farbstoff kommen andere Farbstoffe, die sich ebenfalls in den Blättern befinden, mehr zur Geltung. Die Blätter werden gelb, rot und braun, je nachdem, welcher Farbstoff mehr vorhanden ist. Irgendwann verschließt der Baum die Wasserzufuhr zu den Blättern, denn das Wasser benötigt nun der Rest des Baumes. So vertrocknen die Blätter und fallen schließlich ab.

Kleine Lebewesen, wie zum Beispiel Regenwürmer, Tausendfüßer, Asseln, Pilze u. Ä., zerlegen und zersetzen die Blätter. Durch den Zersetzungsprozess entsteht neue Erde, die sehr fruchtbar ist (weitere Informationen auch in der Projektmappe „Kita aktiv Erde“, ISBN 978-3-86740-122-7).

Wie viel Wasser ein Baum mit Blättern im Vergleich zu einem Baum ohne Blätter benötigt, kann man an einem kleinen Experiment demonstrieren. Dafür werden zwei etwa gleich große Zweige eines Baumes abgeschnitten. Von einem Zweig werden alle Blätter entfernt. Beide werden nun in eine Glasvase (oder Flasche) mit Wasser gestellt. Mit Klebeband wird der Wasserspiegel markiert. Nach zwei Tagen schon können die Kinder beobachten, welcher Zweig mehr Wasser benötigt hat.

Vorbemerkungen und Arbeitshinweise

Weitere Experimente dazu:

- „Einfache Bastelideen mit Blättern“ (s. Ästhetische Erziehung, S. 31)
- „Aus welchen Farben besteht das Blatt?“ (s. Umwelt-, Natur- und Sachbegegnung, S. 35)
- „Male die Blätter bunt!“ (s. Wahrnehmung und Entspannung, S. 55)

Nadelbäume

Nadelbäume behalten im Winter ihre Nadeln. Eine Ausnahme bildet die Lärche, die im Herbst ihre Nadeln büschelweise abwirft.
Die Nadeln bleiben an den Bäumen, weil diese dadurch besser gegen Kälte geschützt sind. Laubblätter erfrieren bei Frost und fallen deshalb ab. Den Nadeln kann der Frost nichts anhaben, denn diese haben eine kompakte Form sowie eine feste Oberfläche. Außerdem sind sie von einer Art Wachs umgeben, der die Nadeln vor dem Austrocknen schützt.
Allerdings verlieren auch Nadelbäume nach einer gewissen Zeit ihre Nadeln. Dies geschieht aber nicht unbedingt im Herbst. Die Nadeln bleiben teilweise mehrere Jahre an den Bäumen hängen, bis sie abfallen und durch junge und frische Nadeln ersetzt werden.
Die Zapfen sind die Blüten der Nadelbäume, in ihnen befinden sich die Samen. Wenn sich der Zapfen öffnet, können die Samen herausfallen und vom Wind oder den Tieren verteilt werden. Obwohl man bei gefundenen Zapfen oft von Tannenzapfen redet, handelt es sich selten um Zapfen der Tanne, denn diese fallen nie als Ganzes vom Baum. Meist handelt es sich um Zapfen der Fichte oder der Kiefer.
In Nadelwäldern wachsen nur Moose, Farne, Pilze und Flechten, da wenig Licht zwischen die Bäume fallen kann. Den Tieren bietet dies allerdings einen guten Schutz vor Wind und Wetter.

Folgende Nadelbäume sind in unseren einheimischen Wäldern häufig zu finden (es gibt natürlich noch mehr Nadelbäume, hier folgen nur kurze Steckbriefe der bekanntesten Bäume):

Tanne: Sie hat stumpfe Nadeln mit zwei weißlichen Streifen an der Unterseite, ihre Zapfen sind etwa 10 – 20 cm lang und stehen aufrecht auf den Zweigen. Die Zapfen fallen nie als Ganzes vom Baum, sondern in einzelnen Schuppen. Der Stamm der Tanne ist gerade und hoch gewachsen.

Fichte: Sie hat kurze und spitze Nadeln, ihre Zapfen werden bis zu 20 cm lang und hängen am Ast. Die Zapfen fallen als Ganzes vom Baum und werden gern von Eichhörnchen gefressen. Die Fichte hat einen leicht rötlichen Stamm.

Kiefer: Sie hat lange Nadeln, die immer gebündelt am Ast wachsen. Ihre harten Zapfen sind etwa 3 – 10 cm lang (je nach Art). Kiefernzapfen öffnen sich bei trockener Luft, damit die Samen herausfallen können und der Wind sie weiträumig verteilt. Bei hoher Luftfeuchtigkeit schließen sie sich, da der Samen durch den Regen nicht vom Wind verteilt werden kann.

Lärche: Sie hat weiche Nadeln, die in Büscheln am Ast wachsen. Ihre Zapfen sind eiförmig und etwa 1 – 4 cm lang. Die Zapfen bleiben viele Jahre an den Zweigen hängen, auch im Winter. Die Lärche ist der einzige Nadelbaum, der jeden Winter die Nadeln verliert.

Tanne

Fichte

Kiefer

Lärche

BVK KI22 • Jenny Hütter: Kita aktiv „Projektmappe Herbst“

Vorbemerkungen und Arbeitshinweise

Altweibersommer

Mit dem Begriff „Altweibersommer“ bezeichnet man die Zeit von etwa Mitte bis Ende September, zu der ein beständiges Hochdruckgebiet über Mitteleuropa liegt. Typisch sind kalte Nächte, morgendliche Nebelfelder und tagsüber warme Temperaturen, die teilweise über 20 °C liegen. Der Name „Altweibersommer“ kommt vom altdeutschen Begriff „weiben“, mit dem das Knüpfen von Spinnweben bezeichnet wird. Auch dies ist typisch für den Altweibersommer: viele Spinnenfäden, die zwischen Blumen, Gräsern, in Bäumen oder Dachrinnen hängen und vom Wind durch die Luft getragen werden. Nebel und Tau lassen die Fäden im Sonnenlicht glitzern.

Über den Altweibersommer gibt es einige Sagen und Legenden. Eine besagt zum Beispiel, dass die Spinnenfäden, die durch die Lüfte schwirren, Haare alter Frauen oder sogar von Elfen seien. Eine im Christentum entstandene Legende erzählt, dass die Fäden aus dem Mantel von Maria stammen, den sie bei ihrer Himmelfahrt getragen hat. Nach dieser Legende heißen die Spinnenfäden auch „Marienhaar“, „Marienfaden“ oder „Marienseide“.

Den Altweibersommer gibt es in verschiedenen Gebieten mit unterschiedlichen Bezeichnungen. In Polen zum Beispiel ist es der *Weiber-Sommer,* in Schweden der *Birgitta-Sommer,* in der Schweiz das *Witwensömmerli* und in den Mittelmeerländern der *St.-Martins-Sommer.*

Nebel

Das Wetterphänomen Nebel können wir im Herbst sehr häufig beobachten. Warme Luft kann mehr Feuchtigkeit aufnehmen als kalte. Daher entsteht Nebel meist bei kälteren Temperaturen, besonders im Herbst, wenn die Böden abgekühlt sind und die Feuchtigkeit, die aus dem Boden aufsteigt, keinen Platz mehr in der Luft hat. Sie ist mit Wasserdampf gesättigt. Die Feuchtigkeit schließt sich zu winzigen Wassertröpfchen zusammen. Die Wassertröpfchen sind so leicht, dass sie in der Luft schweben, genau wie es bei Wolken auch der Fall ist. Nebel ist also wie eine Wolke am Boden. Daher kommt auch das Wort *Nebel,* es wird aus dem Lateinischen abgeleitet und bedeutet *Wolke.*

Von Nebel spricht man bei einer Sichtweite von unter einem Kilometer. Bei einer Sichtweite von einem bis vier Kilometern spricht man von *Dunst.*

Dasselbe Phänomen wie bei der Entstehung von Nebel beobachten wir an kalten und feuchten Tagen, wenn wir ausatmen. Die warme ausgeatmete Luft kühlt sehr schnell ab. Die Feuchtigkeit aus unserem Atem findet in der kalten Luft keinen Platz mehr, es bilden sich winzige kleine Wassertröpfchen, die als kurzer weißer Nebelhauch zu sehen sind.

Wenn sich die Wassertröpfchen an Gegenständen oder Pflanzen, wie zum Beispiel Blumen, Gras u. Ä., festsetzen, sprechen wir von *Tau.*

Sonnenblumen

Die Sonnenblume blüht von Juli bis Oktober, ausgesät wird sie ab April. Ihre goldgelbe Blüte hat die Eigenart, sich immer der Sonne zuzuwenden. Dies steuert die Sonnenblume durch das ungleichmäßige Wachstum des Stängels, der die schattige Seite schneller wachsen lässt. Deshalb schauen auf den Sonnenblumenfeldern alle Blüten immer in dieselbe Richtung.

Die Sonnenblume ist nicht nur schön anzuschauen, sondern auch eine sehr nützliche Pflanze.

Die Samen der Sonnenblume sind die Sonnenblumenkerne. Wenn der gelbe Blütenkranz am Ende des Sommers vertrocknet, werden die Kerne sichtbar. Diese sind sehr gesund, enthalten viel Eiweiß und bestehen zur Hälfte aus Öl. Aus diesem Öl lässt sich Speiseöl oder Margarine herstellen. Aber auch für die Vögel sind die Kerne eine leckere und gesunde Nahrung.

Herbstfrüchte

Den **Apfel** kann man, je nach Sorte, von August bis in den Oktober hinein ernten. Er enthält viele Vitamine, die vor allem in und direkt unter der Schale sitzen. Der Apfel regt den Stoffwechsel an und ist somit gut für die Verdauung. Der **Apfelbaum** ist ein Rosengewächs. Es gibt über 2000 verschiedene Sorten allein in Deutschland. Er blüht ca. von April bis Mai mit weißen bis rosafarbenen Blüten. Die Blätter des Apfelbaumes sind eiförmig und spitz. Der Apfel zählt zum Kernobst.

Vorbemerkungen und Arbeitshinweise

Die **Aubergine** hat weißes Fruchtfleisch mit einer dunkelvioletten Schale. Diese enthält viel Vitamin B und C und sollte nicht geschält werden. Sie ist eine längliche, eiförmige Frucht. Die Aubergine entwickelt ihren Geschmack erst bei der Zubereitung (gedünstet oder gebraten). Sie ist ein Nachtschattengewächs und braucht viel Wärme. Die Pflanze kann bis zu 1 m groß werden. Die Aubergine wird etwa von August bis September geerntet.

Der **Birnbaum** ist ein Rosengewächs, er blüht im April mit einer weißen Blüte. Die Blätter sind am Rand fein gesägt und erscheinen nach der Blüte bzw. zeitgleich.
Die **Birne** ist etwa von August bis Oktober erntereif. Auch sie enthält, wie der Apfel, viele Vitamine.

Bucheckern sind die Früchte der Rotbuche, die bis zu 40 m groß werden kann. Ihre Laubblätter sind eiförmig und am Rand leicht gewellt. Die Früchte haben eine stachelige Hülle, in der die Frucht liegt. Wenn man die braune Schale abpellt, kann man die Bucheckern essen. Man sollte allerdings nicht zu viele davon essen, da sie Giftstoffe enthalten, die in größeren Mengen zu Übelkeit führen können. Geröstet enthalten die Bucheckern keine Giftstoffe. Bucheckern sind ein beliebtes Futter von Nagetieren.

Die **Bohne** ist eine Hülsenfrucht, die von Juli bis Oktober geerntet wird. Es gibt mehrere hundert Sorten. Im rohen Zustand enthält die Bohne Giftstoffe, die erst durch das Kochen zerstört werden.

Die **Eiche** ist ein Buchengewächs. Sie wird bis zu 40 m groß. Das Eichenblatt hat einen glatten Rand. Die Eiche blüht je nach Sorte etwa von April bis Mai. Die Früchte **(Eicheln)** kann man von September bis Oktober ernten. Die Frucht wächst in einem Fruchtbecher an einem kleinen Stiel.

Die **Erbse** ist eine Hülsenfrucht und gehört zur Familie der Schmetterlingsblütler. Sie ist etwa von Juni bis September erntereif.

Der **Fenchel** ist eine krautig wachsende Gewürzpflanze und gehört zur Familie der Doldenblütler. Die weißliche Knolle enthält ätherische Öle und ist je nach Aussaat von ca. Juli bis September erntereif.

Die **Gurke** ist ein Kürbisgewächs. Sie enthält viel Wasser und wirkt dadurch entschlackend. Die grüne, längliche Frucht ist etwa von Juli bis September erntereif.

Hagebutten sind die ungiftigen Früchte bestimmter Rosenarten. Die Hagebutte ist eine Sammelfrucht, die kleine Nüsschen enthält. Die Nüsschen sollten allerdings nicht gegessen werden. Hagebutten enthalten viel Vitamin C.

Die **Hasel** ist ein Strauch oder Baum und gehört zu den Birkengewächsen. Die männlichen Blüten heißen Kätzchen, die weiblichen Blüten sind kleine Knospen. Beide sieht man von Februar bis April. Die **Haselnuss** ist etwa im September / Oktober erntereif.

Die **Kartoffel** ist ein Nachtschattengewächs. Sie ist eine krautig wachsende Pflanze und blüht weißviolett. Die Knolle ist je nach Aussaat ca. im Juni bis November erntereif. Es gibt viele verschiedene Sorten.

Die Kastanie gehört zu den Buchengewächsen. Man unterscheidet zwischen Esskastanie (Marone) und **Rosskastanie.** Die Kastanie blüht, je nach Sorte, ab April bis etwa Juli. Die Blüten sind wie eine Rispe angeordnet und stehen aufrecht am Ast. Die Blütenrispe ist bis zu 30 cm hoch. Das Blatt des Kastanienbaumes besteht aus 5–7 Fiederblättchen, von denen die mittig liegenden größer sind als die äußeren. Die Winterknospe ist rötlich bis dunkelbraun und hat eine klebrige Konsistenz. Die Esskastanie steckt in einer braunen, stacheligen, eher weichen Hülle. Die Zierkastanie ist in einer etwas festeren, grünen Hülle mit einzelnen Stacheln zu finden.

BVK KI22 • Jenny Hütter: Kita aktiv „Projektmappe Herbst"

Vorbemerkungen und Arbeitshinweise

Der **Kürbis** ist eine krautig wachsende Pflanze, die bis zu 10 m lang werden kann. Er hat eine leuchtend gelbe Blüte, aus der die Frucht entsteht. Es gibt viele verschiedene ess- und nichtessbare Sorten. Das Fruchtfleisch ist von einer harten Schale umschlossen. Die weißlichen Samen (Kürbiskerne) liegen mittig in einer schwammigen Kürbismasse.

Der **Kohl** gehört zur Familie der Kreuzblütler. Er enthält viele Vitamine und Mineralien und ist ballaststoffreich. Zum Kohl zählen u. a. der **Blumenkohl**, der **Brokkoli**, der **Chinakohl**, der **Grünkohl**, der **Kohlrabi**, der **Rotkohl** und der **Weißkohl**. Typisch für die Kohlgewächse sind die großen Blätter, die zu einem Kopf zusammenwachsen oder den Blütenkopf umschließen.

Die **Möhre** gehört zur Familie der Doldenblütler und ist ein Wurzelgemüse. Sie enthält Betacarotin, das der Körper in das wichtige Vitamin A umwandeln kann.

Die Paprikapflanze ist ein Nachtschattengewächs und sehr wärmebedürftig. Es gibt verschiedenste Sorten Gewürzpaprika, zu denen auch Chilis oder Peperonis gehören, aber auch die **Gemüsepaprika.** Sie unterscheiden sich in Form, Farbe, Größe und Schärfe. Geerntet wird die Pflanze etwa ab Juli bis in den Oktober hinein. Im Inneren der Frucht befinden sich Scheidewände, an denen die Samen der Paprika hängen. Vor dem Verzehr werden die Samen entfernt.

Die **Pflaume** gehört zur Familie der Rosengewächse. Sie ist ein Strauch oder Baum, der bis zu 6 m groß werden kann. Die Blätter sind länglich, eiförmig und am Rand gesägt. Die weißen Blüten sind zu einer Dolde angeordnet. Sie erscheinen, zeitgleich mit den Blättern, etwa im April/Mai. Die 1 – 8 cm große Frucht ist, je nach Sorte, kugelig oder eiförmig. Sie ist blau, blauschwarz, blaurot, violett, rot oder auch gelb. Die Pflaume ist eine Steinfrucht und etwa im August bis September erntereif.

Der Quittenbaum ist ein Rosengewächs. Sowohl die Pflanze als auch die Frucht ähneln einer Mischung aus Apfel und Birne. Von Mai bis Juni findet man am Quittenbaum weiße bis rosafarbene Blüten. Die **Quitte** selbst ist ein Kernobst und reift ab etwa Oktober heran. Sie wird eher unreif gepflückt und lässt sich danach gut lagern.

Das **Radieschen** gehört zu den Kreuzblütengewächsen und bildet eine etwa 4 cm dicke Speicherknolle aus. Sobald die weiße Blüte zu sehen ist, ist es für die Ernte zu spät, dann schmeckt das Radieschen holzig. Das Radieschen ist ein Wurzelgemüse, es hat eine dünne rote Schale, die mitgegessen wird, und weißes Fruchtfleisch. Es ist ein wenig scharf im Geschmack.

Der **Rettich** gehört ebenfalls zu den Kreuzblütengewächsen und ist ein Wurzelgemüse. Er wird auch vor der Blüte geerntet. Die Wurzel (Knolle) des Rettichs ist rot, weiß oder schwarz, je nach Sorte.

Auch die **Rote Bete** ist ein Wurzelgemüse. Sie wird etwa ab September/Oktober geerntet. Unmittelbar an der Knolle wachsen die langstieligen Blätter, die eine Rosette bilden. Die rote Knolle färbt stark ab.

Der **Knollensellerie** gehört zur Familie der Doldenblütler. Er ist ein bis zu 20 cm großes Knollengemüse. Erntereif ist er etwa ab August bis in den September hinein. Neben dem Knollensellerie gibt es u. a. auch den **Stangensellerie.**

Die **Tomate** gehört zur Familie der Nachtschattengewächse. Die kugelförmige Beere entwickelt sich aus der Blüte. Eine Tomatenpflanze kann bis zu 15 Fruchtstände tragen. Erntereif ist die Tomate etwa ab Juli bis in den September hinein.

Der **Walnussbaum** kann etwa 25 m groß werden. Der junge Baum hat eine graue, glatte Rindenstruktur. Bei älteren Bäumen ist die Borke dunkler gefärbt und von tiefen Rissen durchzogen. Die Blätter sind oval und

Vorbemerkungen und Arbeitshinweise

gefiedert. Die Blüten sind etwa ab April bis Mai/Juni zu sehen. Weibliche Blüten wachsen am Ende der jungen Triebe, männliche Blüten hängen als bis zu 15 cm lange Kätzchen herab. Die Nussfrucht steckt in einer festen, hellbraunen Schale. Am Baum wächst sie in einer grünen Außenschale, die aufplatzt, sobald die Frucht reif ist.

Die **Zucchini** gehört zur Familie der Kürbisgewächse. Sie wächst kriechend. Die länglichen, grünen Früchte werden bei einer Länge von ca. 15 – 30 cm geerntet.

Die **Zuckerrübe** gehört zu den Gänsefußgewächsen und ist eine krautig wachsende Pflanze. Es bildet sich zunächst eine Blattrosette mit bis zu 30 cm langen Blättern. Die Wurzel verdickt sich zu einem Rübenkörper, der sowohl unterirdisch als auch über der Erde steckt und steht. Geerntet wird etwa ab Mitte September.

Die **Zwiebel** gehört zur Familie der Liliengewächse. Der Samen bildet eine Sprossachse aus, die sich im unteren Teil fleischig verdickt. Auch die Zwiebel ist ein Wurzelgemüse. Sie ist etwa ab Juli bis Oktober erntereif.

Bildkarten „Herbstfrüchte“

Apfel

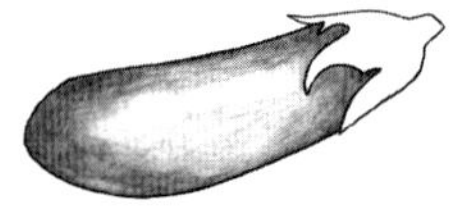

Aubergine

Birne

Bucheckern

Bohne

Eiche

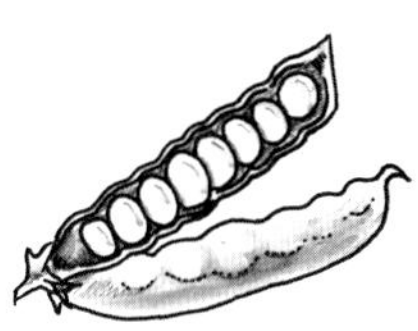

Erbse

Fenchel

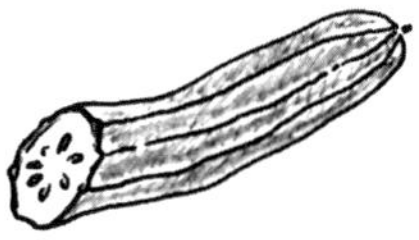

Gurke

Hagebutten

Haselnuss

Kartoffel

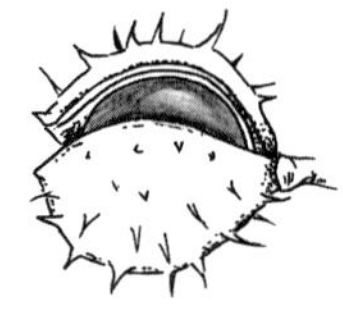

Rosskastanie

Kürbis

Blumenkohl

Brokkoli

Vorbemerkungen und Arbeitshinweise

Bildkarten „Herbstfrüchte“

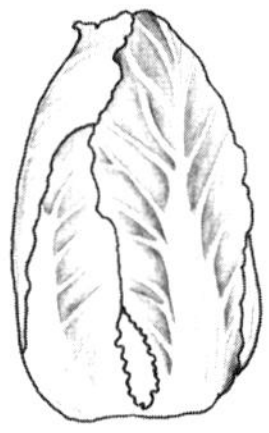
Chinakohl

Grünkohl

Kohlrabi

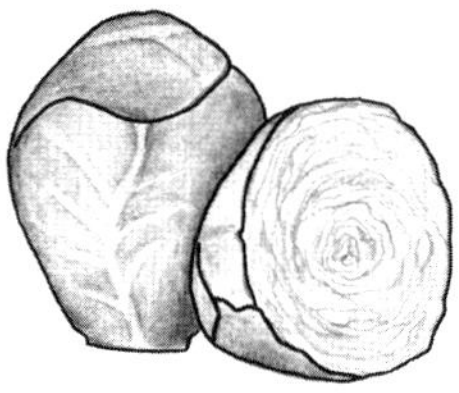
Rotkohl

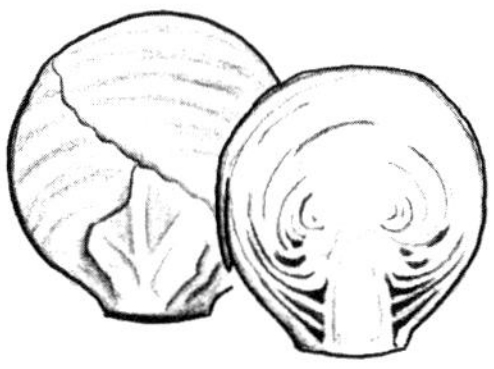
Weißkohl

Möhren

Paprika

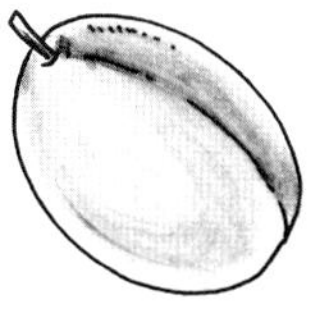
Pflaume

Quitte

Radieschen

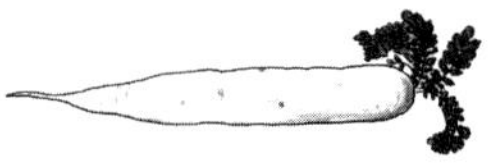
Rettich

Rote Bete

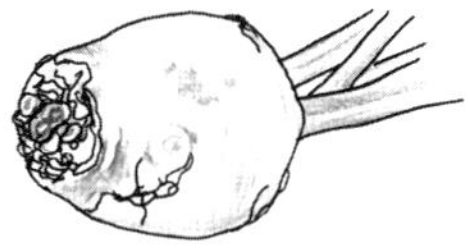
Knollensellerie

Stangensellerie

Tomate

Walnuss

Zucchini

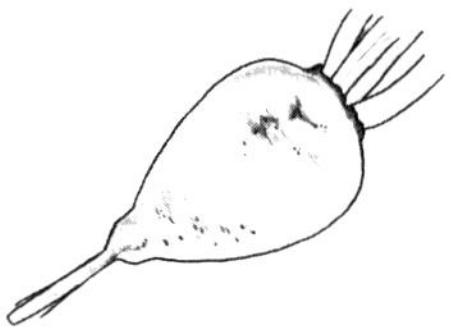
Zuckerrübe

Zwiebel

Marmelade aus Herbstfrüchten

Aus vielen der oben genannten Herbstfrüchte lässt sich eine leckere Marmelade herstellen. Besonders geeignet sind beispielsweise Äpfel, Kürbisse, Pflaumen oder Hagebutten. Eine genaue Anleitung zur Zubereitung von Marmelade finden Sie in der Projektmappe „Kita aktiv Sommer“, ISBN 978-3-86740-387-0.

Vorbemerkungen und Arbeitshinweise

Getreide

Gerste: Die einzelnen Gerstenhalme werden etwa 0,5 – 1,2 m groß. An ihrer Spitze entwickelt sich eine Ähre, an der die Getreidekörner hängen. An der Spitze der Spelze (Außenhülle des Korns) sieht man lange Grannen. Man unterscheidet zwischen Wintergerste, die etwa September / Oktober gesät und im Frühjahr geerntet wird, und der Sommergerste, die im März / April gesät und etwa Juli / August geerntet wird.
Hafer: An der Spitze der Halme befinden sich Rispen, die herunterhängen. An den Rispen findet man die Körner, die von einer trockenen Schale umschlossen werden. Die einzelnen Halme werden 0,6 – 1,5 m groß.
Mais: Eine Maispflanze kann bis zu 3 m groß werden. Aus den Blüten der Maispflanze bildet sich der Kolben, der von Blättern umschlossen ist. An jeder Pflanze können sich mehrere Kolben mit jeweils bis zu 400 Maiskörnern befinden.
Roggen: Er bildet 1,5 – 2 m lange Halme mit vierkantigen Ähren, die sich leicht nach unten neigen. Auch hier findet man lange Grannen an der Spitze der Spelze.
Weizen: Er wird 0,5 – 1 m groß. Weizen bildet an der Spitze eine rundliche Ähre. Am Weizen befinden sich je nach Sorte keine oder nur kurze Grannen.

Bei **Vollkornprodukten** wurde das Korn mit der Schale verarbeitet. Es enthält dadurch mehr wertvolle Inhaltsstoffe. Je höher der Schalenanteil, desto dunkler wird das Mehl, das aus dem Korn gewonnen wurde.

Bildkarten „Getreide"

Gerste

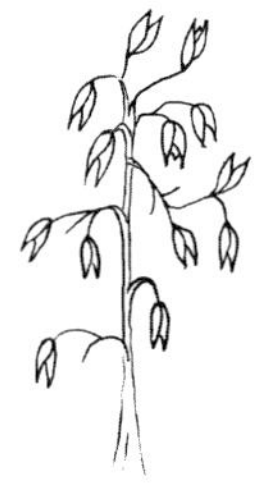

Hafer

Mais

Roggen

Weizen

Tipps und Anregungen zu den einzelnen Angeboten

Zum Umgang mit den Arbeitsblättern:

Diese Projektmappe enthält auch einige Arbeitsblätter, deren Aufgabenstellung Sie mit den Kindern in Kleingruppen besprechen (vorlesen) müssen.

Für die Aufbewahrung der Arbeitsblätter empfehle ich, je nach Gruppensituation und organisatorischen Bedingungen, verschiedene Möglichkeiten:

- Ablagefächer (alternativ unifarben gestaltete Deckel von Kopierpapierkartons). Die Kinder haben so freien Zugriff auf die darin sortierten Arbeitsblätter und können ihre Aufgaben selbst auswählen.
- Jedes Kind verfügt über einen Schnellhefter, in den die Erzieherin regelmäßig nach Alter und Entwicklungsstand ausgewählte Arbeitsblätter (z. B. zwei Arbeitsblätter pro Woche) einheftet oder gemeinsam mit dem Kind aussucht. Die Kinder wählen die Zeit der Bearbeitung entweder frei oder es gibt festgelegte

BVK KI22 • Jenny Hütter: Kita aktiv „Projektmappe Herbst"

Vorbemerkungen und Arbeitshinweise

Zeiten, innerhalb derer das Kind seine Arbeitsblätter bearbeiten kann.

- Die fertiggestellten Arbeitsblätter werden im Schnellhefter oder in einer Sammelmappe / einem Sammelordner abgeheftet bzw. gehören als Anlage zur Bildungsdokumentation oder zum Portfolio.

Allgemeine Information zu den Bastelarbeiten im Bereich „Ästhetische Erziehung“, ab S. 26:
Fotografieren Sie die Materialzusammenstellung und jeden einzelnen Arbeitsschritt. Kleben Sie die Fotos mit der Auflistung der Materialien bzw. mit der dazugehörigen schriftlichen Arbeitsanweisung auf DIN-A5-Karten, nummerieren Sie die Karten in der richtigen Reihenfolge und laminieren Sie diese. So erhalten Sie bebilderte Karten, die Ihre Kinder zum selbstständigen Arbeiten motivieren.

Zu den Rezepten im Bereich „Gesundheit und Ernährung“, ab S. 39:
Gesundes Frühstück
Gerade der Herbst lädt mit seiner reichhaltigen Ernte auch zum Thema gesunde Ernährung ein. Da bietet sich ein gemeinsames und gesundes Frühstück beispielsweise zu Erntedank an. Im Bereich „Gesundheit und Ernährung“ gibt es einige Ideen zur Zubereitung des gemeinsamen Frühstücks: „Stachelige Birnenigel“ (s. S. 39), „Ein leckeres Knuspermüsli“ (s. S. 39) oder „Brot backen“ (s. S. 40). Selbst geerntetes Gemüse aus dem eigenen Garten kann das Frühstück noch abrunden.
Zu den Rezepten finden Sie auf der Seite 42 Bilder mit allen bei diesen Rezepten verwendeten Zutaten und Haushaltsgeräten sowie Pfeilen, mit deren Hilfe Sie die Rezepte bei Bedarf als großes Plakat gestalten können. Vergrößern Sie dazu die benötigten Zeichnungen auf dem Kopierer. Mit den vorhandenen Bildern können Sie auch Bildrezepte auf einem DIN-A4-Blatt erstellen, für jedes Kind kopieren und in einem Schnellhefter sammeln. So erhalten die Kinder eine eigene Bild-Rezepte-Mappe.
Achtung: Bitte achten Sie bei den Rezepten auf eventuelle Lebensmittelunverträglichkeiten der Kinder!

Zu „Male die Blätter bunt!“, S. 55:
Bezeichnungen der Blätter:

						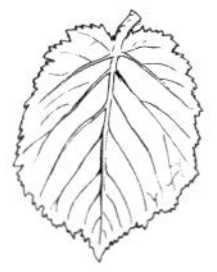
Ahorn	**Eiche**	**Buche**	**Ginkgo**	**Birke**	**Kastanie**	**Hasel**

Pflanzenbestimmungsbuch
In der Projektmappe „Kita aktiv Sommer“, ISBN 978-3-86740-387-0, findet sich die Anleitung zu einem Pflanzenbestimmungsbuch. Dieses kann im Herbst sehr schön mit weiteren Bäumen und Pflanzen ergänzt werden.

> **!**
> **Achtung:**
> Bei sämtlichen Spielen mit kleinen Herbstfrüchten, wie zum Beispiel Haselnüssen, Bucheckern, Sonnenblumenkernen etc., ist es unbedingt notwendig, dass Sie die Kinder nicht aus den Augen lassen! Gerade kleine Nüsse und Kerne verleiten die Kinder dazu, sich diese in Körperöffnungen zu stecken. Dies kann gefährlich werden!

Der Erntekorb (ab 4 Jahren)

Spielmöglichkeit:
Alle Kinder sitzen im Kreis. Ein Kind beginnt das Spiel mit den Worten: „Ich ernte einen … (z. B. Apfel) und lege ihn in meinen Erntekorb.“
Der nächste Spieler überlegt sich ebenfalls, was er ernten möchte. Er beginnt seinen Satz mit dem geernteten Obst / Gemüse des Vordermannes und ergänzt mit seiner Ernte, zum Beispiel: „Ich ernte einen Apfel und eine Kartoffel und lege sie in meinen Erntekorb.“
So wird das Spiel beliebig lange weitergeführt. Natürlich dürfen die Kinder sich gegenseitig helfen, falls eines nicht mehr weiterweiß.
Schwieriger wird das Spiel, wenn die Kinder noch zusätzlich benennen müssen, wo sie ihr Obst / Gemüse ernten, zum Beispiel:
„Ich ernte einen Apfel vom Apfelbaum und lege ihn in meinen Erntekorb.“

Der Herbst ist da … (eine Kettengeschichte, ab 4 Jahren)

Material:
Bildkarten „Kettengeschichte“ (s. S. 13), Buntstifte, Schere, evtl. Laminiergerät und -folie

Vorbereitung:
Die Bildkarten „Kettengeschichte“ werden kopiert, ausgeschnitten und angemalt (und evtl. laminiert).

Spielmöglichkeit:
Die Kinder sitzen im Kreis. Alle Karten werden in der Kreismitte verteilt. Die Erzieherin beginnt und nimmt sich eine Karte aus der Mitte heraus. Sie beginnt, eine kleine Geschichte (1 – 2 Sätze) zu erzählen. In diesem Satz muss der Gegenstand, der auf der gezogenen Karte abgebildet ist, mindestens einmal vorkommen, zum Beispiel: Die Erzieherin zieht die Karte mit dem Eichhörnchen und sagt: „Der Herbst hat Einzug gehalten und das kleine Eichhörnchen Anja muss sich so langsam auf den Winter vorbereiten.“
Das nächste Kind nimmt sich ebenfalls eine Karte aus der Mitte und erzählt damit die Geschichte weiter, zum Beispiel: Das Kind zieht eine Karte mit Nüssen und erzählt: „Das Eichhörnchen sammelt ganz viele Nüsse und versteckt sie an verschiedenen Stellen im Wald.“
So geht die Geschichte immer weiter, bis alle Kinder einmal an der Reihe waren. Zum Schluss beendet die Erzieherin die Geschichte mit einem Abschlusssatz, ohne noch einmal eine Karte zu nehmen.

BVK KI22 • Jenny Hütter: Kita aktiv „Projektmappe Herbst“

Bildkarten „Kettengeschichte“

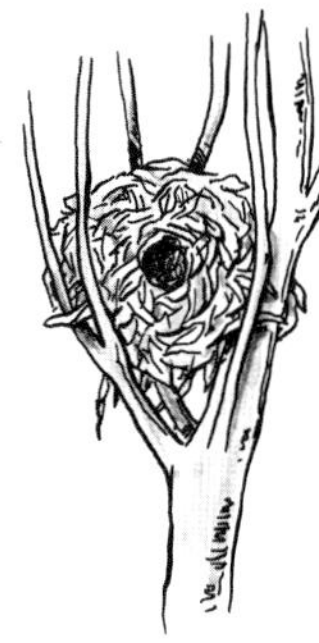

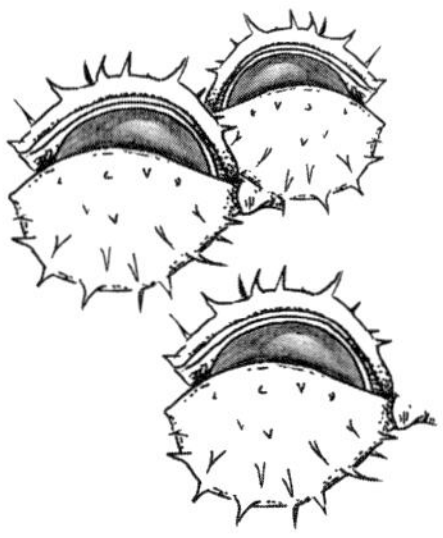

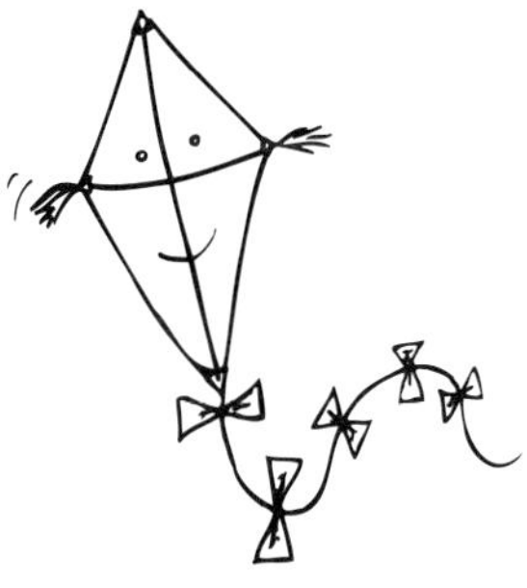

Anlaute finden (ab 5 Jahren)

Material:
1 Korb mit verschiedenen Herbstfrüchten und -pflanzen, zum Beispiel Ahorn, Buchecker, Kastanie, Haselnuss, Walnuss, Sonnenblume, Apfel, Birne, Mais, Erbse, Gurke, Kartoffel, Möhre, Paprika, Radieschen, Tomate (alternativ können auch die Bildkarten aus den Vorbemerkungen und Arbeitshinweisen verwendet werden, S. 8/9), Kopiervorlagen „Anlaute" (s. u.), Kopierer, Schere, Buntstifte, Laminiergerät und -folie
Für die weiterführenden Ideen: mehrere Blätter Papier, Klebestift, Klebeband, verschiedene Zeitschriften

Vorbereitung:
Die Bildkarten „Anlaute" werden kopiert, ausgeschnitten und angemalt.
Zur besseren Haltbarkeit können sie noch laminiert werden.

Spielmöglichkeit:
Die Bildkarten mit den verschiedenen Anlauten werden auf den Tisch gelegt.
Die Herbstfrüchte werden in den Korb gelegt. Ein Kind beginnt, nimmt sich eine Frucht/Pflanze aus dem Korb und benennt diese. Dann wird überlegt, mit welchem Anlaut dieser Gegenstand beginnt, zum Beispiel: „Der Apfel beginnt mit einem A, also wird er neben das A gelegt." Die Kinder dürfen sich gegenseitig helfen.

Weiterführende Ideen:
Es werden weitere Wörter für die Anlaute gesucht, die im Spiel noch nicht vorgekommen sind. Dies können auch Alltagsgegenstände aus dem Kindergarten sein. Anschließend wird eine Collage erstellt. Dafür wird auf ein Blatt jeweils eine Bildkarte mit einem Anlaut geklebt. Aus Zeitschriften oder kopierten Bildvorlagen schneiden die Kinder Bilder aus und kleben sie auf das Blatt mit dem entsprechenden Anlaut. Die Collagen werden an der Wand aufgehängt und dienen den Kindern zur Kontrolle bei dem Spiel „Anlaute finden".

Kopiervorlagen „Anlaute" (ggf. hochkopieren)

A	B	C	D	E	F	G
H	I	J	K	L	M	N
O	P	Q	R	S	T	U
V	W	X	Y	Z		

BVK KI22 • Jenny Hütter: Kita aktiv „Projektmappe Herbst"

Zusammengesetzte Wörter (ab 5 Jahren)

Material:
Bildkarten „Zusammengesetzte Wörter“ (s. u. und S. 16), Buntstifte, Schere, Laminiergerät und -folie

Vorbereitung:
Die Bildkarten werden kopiert, mit den Buntstiften ausgemalt und ausgeschnitten. Anschließend können sie noch laminiert werden.

Spielmöglichkeit:
Die Bildkarten mit dem doppelten Rand werden gemischt und verdeckt auf einen Stapel gelegt.
Die übrigen Karten werden, mit dem Bild nach oben, in die Mitte gelegt.
Der erste Spieler beginnt und zieht eine Karte vom Stapel. Er legt sie vor sich ab, sagt, was auf dieser Karte abgebildet ist, und überlegt, aus welchen beiden Wörtern sich sein Wort zusammensetzt.
Hat der Spieler beispielsweise den „Apfelbaum“ gezogen, so setzt sich das Wort aus den Wörtern „Apfel“ und „Baum“ zusammen.
Der Spieler nimmt diese beiden Karten, legt sie nebeneinander und benennt, was abgebildet ist.
Beispiel: „Ich habe den ‚Apfel‘ und den ‚Baum‘, das ergibt den ‚Apfelbaum‘.“
Alle überlegen gemeinsam, ob dies richtig ist. Stimmt die Antwort, so darf der Spieler die gezogene Karte mit dem doppelten Rand behalten und vor sich ablegen. Die anderen Karten werden wieder in die Mitte gelegt. Nun ist der nächste Spieler an der Reihe.
Beendet ist das Spiel, wenn der Stapel aufgebraucht ist. Es gewinnt der Spieler, der die meisten Karten vor sich liegen hat.

Bildkarten „Zusammengesetzte Wörter“ (1)

Birnbaum

Sonnenblume

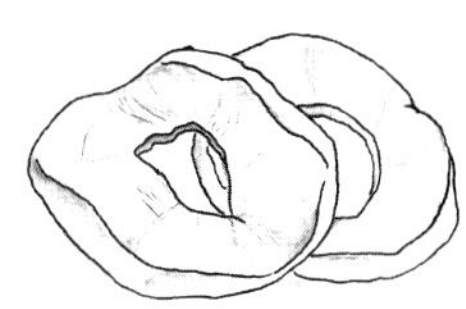
Apfelringe

Mauseloch

Kastanienblatt

Kürbiskern

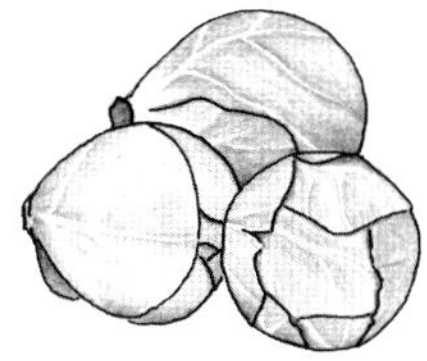
Rosenkohl

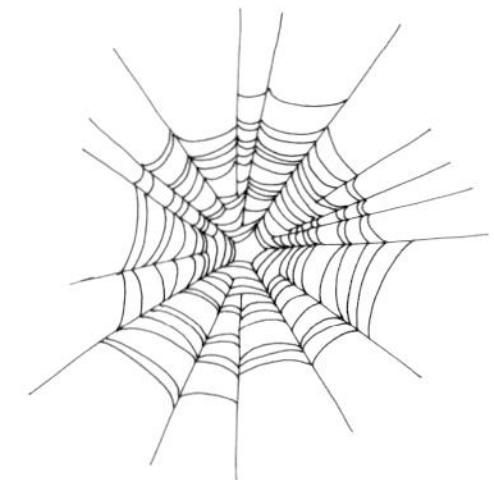
Spinnennetz

Holundersaft

Zugvogel

BVK KI22 • Jenny Hütter: Kita aktiv „Projektmappe Herbst“

Bildkarten „Zusammengesetzte Wörter“ (2)

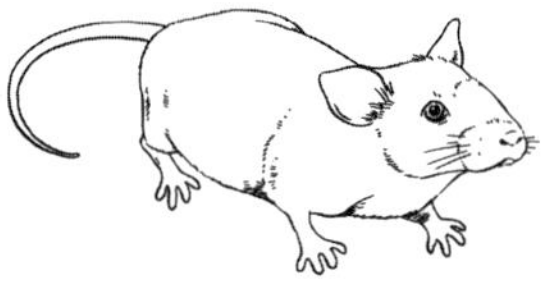

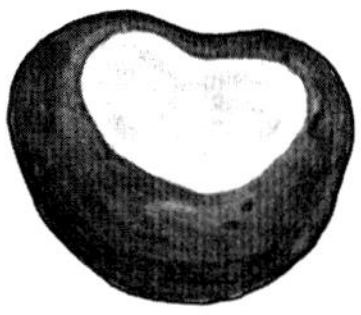

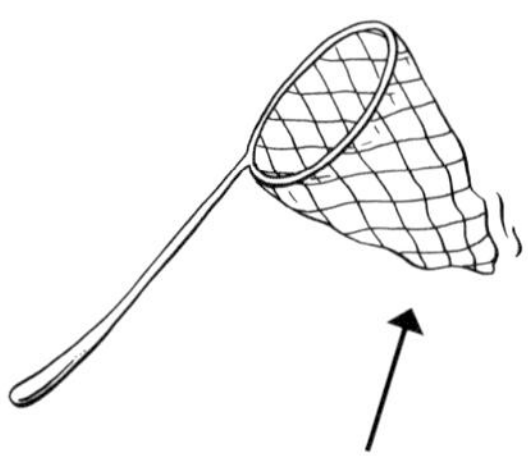

BVK KI22 • Jenny Hütter: Kita aktiv „Projektmappe Herbst“

Schnapp dir die Karte (ab 4 Jahren, für 2–4 Spieler)

Material:
Geschichte (s. u.), Bildkarten zur Geschichte und den Rätseln (s. S. 18), Buntstifte, evtl. Laminiergerät und -folie, 1 Schere

Vorbereitung:
Die Bildkarten werden einmal hochkopiert, ausgeschnitten und farbig ausgemalt. Zur besseren Haltbarkeit können sie laminiert werden.

Spielregeln:
Die Mitspieler sitzen um einen Tisch herum oder auf dem Boden in einem Kreis.
Geschichte: Die Bildkarten zur Geschichte werden in der Mitte verteilt. Die Erzieherin liest die Geschichte vor. Wenn die Kinder etwas entdecken, das in der Geschichte vorkommt, greifen sie blitzschnell nach der Karte. Bei den *kursivgedruckten* Textstellen wird eine kleine Erzählpause gemacht, damit die Kinder etwas mehr Zeit zum Greifen haben.
Herbsträtsel: Die Bildkarten „Herbstfrüchte" (Vorbemerkungen und Arbeitshinweise S. 8/9) werden in der Mitte verteilt. Ein Kind beginnt, eines der abgebildeten Dinge zu beschreiben (natürlich ohne dieses zu benennen). Alle anderen müssen raten, um was es sich handelt. Wer es erraten konnte, darf die Karte behalten und sich das nächste Rätsel überlegen. Wer am Ende die meisten Karten gesammelt hat, ist der Sieger.

Geschichte:

Flitzi, das kleine *Eichhörnchen,* hat heute viel zu tun. Es müssen noch Vorräte für den Winter gesammelt und gut versteckt werden. Flitzi klettert aus seinem *Kobel* und läuft den *Baum* hinunter, um nach Vorräten zu suchen. Unterwegs begegnet er seinem Freund Fibs, der *Maus.* Er ist auch gerade dabei, einige *Getreideähren* zum *Mauseloch* zu schleppen. Denn auch die Mäusefamilie braucht genügend Wintervorräte.
„Hey, Fibs", begrüßt ihn das Eichhörnchen, „schon so fleißig bei der Arbeit?"
„Na klar", antwortet Fibs „schließlich ist es nicht mehr lang bis zum Winter. Du solltest dich auch beeilen, Flitzi. Übrigens habe ich da hinten ein paar schöne *Haselnussbäume* gesehen. Da kannst du gut deine Vorräte auffüllen."
„Oh, super, ich habe mich nämlich gerade auf den Weg gemacht, um Vorräte zu suchen. Dann werde ich da mal als Erstes hingehen. Danke, Fibs."
„Gern und bis bald", antwortet Fibs und verschwindet im *Wald.* Flitzi läuft weiter und findet bald die Stelle. Jede Menge *Haselnüsse* liegen hier herum, die Flitzi einsammelt. Er gräbt ein Loch und bringt alle Haselnüsse dorthin. Als es voll ist, verscharrt er das Loch und stupst die Erde ganz fest mit seiner *Nase* an. Da vorn ist auch eine *Buche!* Hier kann Flitzi ganz viele *Bucheckern* sammeln und ebenfalls in einem Loch vergraben. Flitzi muss sich gut merken, wo er überall Löcher gebuddelt und Vorräte versteckt hat.
Die muss er im Winter auf jeden Fall wiederfinden.
Weiter geht es, da ist ein *Walnussbaum.* Jetzt gönnt Flitzi sich erst einmal eine Verschnaufpause und futtert ein paar *Walnüsse,* bevor er die restlichen Nüsse ebenfalls verbuddelt.
Da hört Flitzi ein lautes Schmatzen hinter dem Busch. Es ist der *Igel,* der noch schnell ein paar *Hagebutten* verspeist. „Oh, lecker", denkt Flitzi, schnappt sich blitzschnell auch ein paar Früchte und verschwindet damit in Richtung Nadelwald. Hier möchte Flitzi noch ein paar Zapfen sammeln und verstecken.
Es ist wie im Paradies, *Fichten-, Kiefern-* und *Lärchenzapfen.* Alles findet sich hier. Flitzi sammelt, was das Zeug hält, und versteckt seine Beute in Bodenlöchern.

„Oh Mann, war das heute ein anstrengender Tag", denkt Flitzi und beschließt, für heute Feierabend zu machen. Müde wandert er zurück zu seinem Kobel.
„Mensch, da habe ich aber Einiges gesammelt. Hoffentlich kann ich mir merken, wo ich alles verbuddelt habe. Das muss ich im Winter unbedingt wiederfinden."

Bildkarten „Schnapp dir die Karte“

Der schlafende Apfel (ab 3 Jahren)

Vorlesetext	Bewegungen
Im Baum, im grünen Bettchen, hoch oben sich ein Apfel wiegt,	*die Hände deuten nach oben* *der Oberkörper wiegt hin und her*
der hat so rote Bäckchen, man sieht's, dass er im Schlafe liegt.	*die Hände als Kopfkissen an die Wange legen,* *Schlafen imitieren*
Ein Kind steht unterm Baume, das schaut und schaut und ruft hinauf:	*die Hand über die Augen legen,* *nach oben schauen*
„Ach Apfel, komm herunter! Hör endlich mit dem Schlafen auf."	*die Hände als Megafon an den Mund legen*
Es hat ihn so gebeten, glaubt ihr, er wäre aufgewacht?	*die Hände zum Gebet formen*
Er rührt sich nicht im Bette, sieht aus, als ob im Schlaf er lacht.	*schlafen andeuten und lächeln*
Da kommt die liebe Sonne, am Himmel hoch daherspaziert.	*mit den Händen einen großen Kreis formen,* *auf der Stelle gehen*
„Ach Sonne, liebe Sonne, mach du, dass sich der Apfel rührt!"	*die Hände wie zum Gebet formen*
Die Sonne spricht: „Warum nicht?" Und wirft ihm Strahlen ins Gesicht,	*mit den Händen das Werfen der Strahlen imitieren*
küsst ihn dazu so freundlich; der Apfel aber rührt sich nicht.	*Luftkuss mit einer Hand schicken*
Nun schau! Da kommt ein Vogel und setzt sich auf den Baum hinauf.	*mit den Armen fliegen*
„Ei Vogel, du musst singen, gewiss, gewiss, das weckt ihn auf!"	*die Hände wie zum Gebet formen*
Der Vogel wetzt den Schnabel, und singt ein Lied so wundernett.	*die Hände aneinander reiben*
Und singt aus voller Kehle; der Apfel rührt sich nicht im Bett.	*pfeifen*
Und wer kam nun gegangen? Es war der Wind, den kenn ich schon,	*Hände um den Mund legen und pusten*
der küsst nicht und der singt nicht, der pfeift aus einem andren Ton.	*Kopf schütteln*
Er stemmt in beide Seiten die Arme, bläst die Backen auf	*Hände in die Seiten stemmen,* *Wangen aufblasen*
und bläst und bläst, und richtig: der Apfel wacht erschrocken auf.	*pusten*
Und springt vom Baum herunter, grad in die Schürze von dem Kind.	*einmal in die Luft springen*
Das hebt ihn auf und freut sich, und ruft: „Ich danke schön, Herr Wind!"	*Aufheben imitieren*

Gedicht: Robert Reinick, überliefert / Bewegungen: Jenny Hütter

Musikinstrumente aus herbstlichen Naturmaterialien

Kastagnetten (ab 2 Jahren)

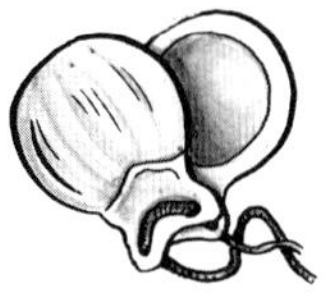

Material:
2 Walnusshälften, sehr fester Tonkarton, 1 Lineal, 1 Bleistift, Kleber, 1 Schere
Arbeitsanleitung:
Auf den Tonkarton wird ein 3 x 10 cm langer Streifen aufgemalt und ausgeschnitten.
Dieser wird in der Mitte zusammen- und dann wieder auseinandergefaltet.
Die Ränder der beiden Walnusshälften werden mit Kleber bestrichen und diese jeweils auf ein Ende des Pappstreifens geklebt.
Hinweis:
Die Kastagnette wird mit einer Hand gespielt. Durch das kurze Aufeinanderklackern der Nusshälften entsteht der typisch klappernde Kastagnetten-Ton.

Rassel (ab 2 Jahren)

Material:
Getreidekörner, 1 kleine Plastikflasche
Arbeitsanleitung:
Die Getreidekörner werden in die Flasche gefüllt. Diese wird gut verschlossen.
Durch Schütteln wird die Rassel zum Klingen gebracht.

Schellenband (ab 4 Jahren)

Material:
Nussschalen, 1 Gummiband, 1 Hammer, 1 Nagel, 1 Holzbrettchen als Unterlage, 1 Schere
Arbeitsanleitung:
Der Nagel wird vorsichtig mit dem Hammer durch die Nussschale geschlagen und anschließend wieder herausgezogen. (Vorsicht! Auf jeden Fall eine Unterlage bzw. die Werkbank verwenden!) Alle Nussschalen werden auf das Gummiband gezogen.
Dieses wird um das Handgelenk des Kindes gelegt und verknotet. Die Länge sollte so abgestimmt sein, dass das Kind leicht mit dem Arm aus dem Band heraus- und in das Band hineinschlüpfen kann.
Hinweis:
Durch Bewegung des Handgelenkes wird das Schellenband zum Klingen gebracht. Je nachdem, wie dicht die Nüsse aneinandergereiht sind, klingt das Instrument bei jedem sehr unterschiedlich.

Ocean-Drum (ab 2 Jahren)

Material:
1 Tontopf (ohne Loch am Boden), Pergamentpapier, Kleister, Getreidekörner
Arbeitsanleitung:
In den Tontopf werden einige Getreidekörner geschüttet. Der äußere Rand wird mit Kleister bestrichen. Das Pergamentpapier wird auf die Topföffnung gelegt und straff über den Topf gespannt. Das Ganze gut trocknen lassen.
Hinweis:
Den Topf mit der Öffnung nach unten halten. Durch kreisförmige Bewegung reiben die Körner über das Pergamentpapier und bringen es zum Klingen.

Rhythmikeinheit zum Thema „Der Herbst“ (1) (ab 4 Jahren)

Material:
CD-Player, CD „Die vier Jahreszeiten – der Herbst“ aus Vivaldis Gesamtkomposition „Opus 8“ Nr. 3 (der dritte Satz, er dauert etwa 3:20 Minuten), 2–8 Softbälle, Kreppklebeband, 1 Triangel, 1 Glockenspiel, 1 Handtrommel, 1 Flöte, 1 Kastagnette, Bildkarten „Musikinstrumente“ (Vorlage s. S. 24), Buntstifte, Laminiergerät und -folie, 1 Schere, 1 großer Bogen Malpapier für jedes Kind, Wachsmalstifte

Vorbereitung:
Die Bildkarten „Musikinstrumente“ werden kopiert und ausgemalt. Anschließend werden sie laminiert und ausgeschnitten.

Begrüßungslied:
z. B. „Hallo, hallo (ich will euch begrüßen)“
(von Volker Rosin auf „Live!“, Edel Germany GmbH, Hamburg 2005)

Einstiegsspiel „Jägerball“:
Mit Kreppklebeband wird ein etwa 10 x 10 m großes Feld abgeklebt. Zwei Kinder sind Jäger, sie erhalten jeweils einen Softball und stellen sich außerhalb des Feldes auf. Die anderen Kinder sind die Wildtiere, die vor den Jägern flüchten. Sie dürfen allerdings das Spielfeld nicht verlassen. Die Jäger versuchen, das Wild „abzuschießen“, indem sie mit den Bällen nach ihnen werfen. **(Achtung!** Nicht auf die Köpfe zielen!)
Wer von einem Ball berührt wurde, wird ebenfalls zum Jäger. Wer als Letzter im Spielfeld übrigbleibt, ist Sieger. Bei Bedarf können noch mehr Softbälle dazugegeben werden.

Klanggeschichte frei nach dem Sonett von Vivaldis „L'Autunno“ (Der Herbst):

Einführung:
Die Kinder sitzen im Kreis. Die Erzieherin verteilt die Instrumente oder überlegt alternativ gemeinsam mit den Kindern, zu welcher Textstelle welche Instrumente passen könnten. Anschließend liest sie die Geschichte vor, legt dabei immer die entsprechende Bildkarte der Musikinstrumente in die Mitte und die Kinder spielen an den entsprechenden Stellen ihre Instrumente.

Vorlesetext	Begleitende Spielmöglichkeit auf den Instrumenten
Das ganze Dorf ist heute auf den Beinen. Es wird gesungen, getanzt und gelacht.	*alle Instrumente gemeinsam*
Der fertige Wein krönt die harte Arbeit, ein Glück, dass die Felder dieses Jahr eine so reiche Ernte gebracht haben.	***Triangel***
Andere haben schon so viel gefeiert, dass sie bei strahlendem Sonnenschein eingeschlafen sind.	***Glockenspiel*** *– mit dem Schlägel von den tiefen zu den hohen Tönen über das Glockenspiel streichen*
Am nächsten Morgen startet die alljährliche Herbstjagd. Die Jäger haben sich bereits im Morgengrauen mit ihren Hunden versammelt.	*einige Kinder imitieren das* ***Hundegebell***
Natürlich dürfen die Flinten und Jagdhörner nicht fehlen.	***Handtrommel*** *und* ***Flöte***

Rhythmikeinheit zum Thema „Der Herbst“ (2) (ab 4 Jahren)

Als das Wild die Jäger hört, versucht es noch, blitzschnell Reißaus zu nehmen.	***Kastagnette***
Nach erfolgreicher Jagd kehren die Jäger erschöpft nach Hause zurück.	***Handtrommel** und **Flöte***
Und wieder gibt es ein rauschendes Fest.	*alle Instrumente gemeinsam*

Rhythmusgeschichte „Die Wildschweinjagd“

Die Geschichte wird von der Erzieherin rhythmisch vorgetragen und mit den entsprechenden Bewegungen *(kursiv geschrieben)* begleitet. Diese werden von den Kindern nachgeahmt.

Wir gehen heut auf Wildschweinjagd und haben keine Angst.
Wir haben ein großes Schießgewehr und ein Schwert – hu! *(bei jeder Silbe patscht abwechselnd jeweils eine Hand auf den Oberschenkel – bei „hu“ stoppt das Patschen und eine Hand wird hochgehalten)*

Oh, oh, was ist das? *(die Hand über die Augen legen und schauen)* Ein Wildschwein? *(erschrocken schauen)* Nein, kein Wildschwein *(mit dem Zeigefinger verneinen und den Kopf schütteln)* – tiefer Morast! Wir kommen nicht drüber her *(mit den Händen hoch zeigen),* wir kommen nicht drunter weg *(mit den Händen tief zeigen),* wir kommen nicht drum herum *(mit den Armen einen Kreis andeuten)* – wir müssen mittendurch! *(Zeigefinger zeigt nach vorn)*
Also, Schuhe aus *(Schuheausziehen imitieren)* und los geht's. *(die Hände patschen im Gehtempo auf die Oberschenkel, dabei ein schmatzendes Geräusch machen)*

Schuhe wieder an *(Schuheanziehen imitieren)* und weiter geht's!

Wir gehen heut auf Wildschweinjagd und haben keine Angst.
Wir haben ein großes Schießgewehr und ein Schwert – hu! *(bei jeder Silbe patscht abwechselnd jeweils eine Hand auf den Oberschenkel – bei „hu“ stoppt das Patschen und eine Hand wird hochgehalten)*

Oh, oh, was ist das? *(die Hand über die Augen legen und schauen)* Ein Wildschwein? *(erschrocken schauen)* Nein, kein Wildschwein *(mit dem Zeigefinger verneinen und den Kopf schütteln)* – dichtes Gestrüpp! Wir kommen nicht drüber her *(mit den Händen hoch zeigen),* wir kommen nicht drunter weg *(mit den Händen tief zeigen),* wir kommen nicht drum herum *(mit den Armen einen Kreis andeuten)* – wir müssen mittendurch! *(Zeigefinger zeigt nach vorn)*
Schwert heraus *(Schwertherausziehen imitieren)* und los geht's! *(mit der Hand Schwerthiebe imitieren, dabei das entsprechende Geräusch machen)*
Schwert wieder hinein *(Schwerthineinstecken imitieren)* und weiter geht's!

Wir gehen heut auf Wildschweinjagd und haben keine Angst.
Wir haben ein großes Schießgewehr und ein Schwert – hu! *(bei jeder Silbe patscht abwechselnd jeweils eine Hand auf den Oberschenkel – bei „hu“ stoppt das Patschen und eine Hand wird hochgehalten)*

BVK KI22 • Jenny Hütter: Kita aktiv „Projektmappe Herbst“

Rhythmikeinheit zum Thema „Der Herbst“ (3) (ab 4 Jahren)

Oh, oh, was ist das? *(die Hand über die Augen legen und schauen)* Ein Wildschwein? *(erschrocken schauen)* Nein, kein Wildschwein *(mit dem Zeigefinger verneinen und den Kopf schütteln)* – ein Fluss! Wir kommen nicht drüber her *(mit den Händen hoch zeigen),* wir kommen nicht drunter weg *(mit den Händen tief zeigen),* wir kommen nicht drum herum *(mit den Armen einen Kreis andeuten)* – wir müssen mittendurch! *(Zeigefinger zeigt nach vorn)*
Also, Klamotten ausziehen *(das Ausziehen imitieren)* und los geht's! (*Schwimmbewegungen imitieren*)
Alles wieder anziehen *(das Anziehen imitieren*) und weiter geht's!

Wir gehen heut auf Wildschweinjagd und haben keine Angst.
Wir haben ein großes Schießgewehr und ein Schwert – hu! *(bei jeder Silbe patscht abwechselnd jeweils eine Hand auf den Oberschenkel – bei „hu“ stoppt das Patschen und eine Hand wird hochgehalten)*

Oh, oh, was ist das? *(die Hand über die Augen legen und schauen)* Ein Wildschwein? *(erschrocken schauen)* Nein, kein Wildschwein *(mit dem Zeigefinger verneinen und den Kopf schütteln)* – eine dunkle Höhle! Wir kommen nicht drüber her *(mit den Händen hoch zeigen),* wir kommen nicht drunter weg *(mit den Händen tief zeigen)*, wir kommen nicht drum herum *(mit den Armen einen Kreis andeuten)* – wir müssen mittendurch! *(Zeigefinger zeigt nach vorn)*
Also, los geht's! *(eine Hand über die Augen legen)*

Wir gehen heut auf Wildschweinjagd und haben keine Angst.
Wir haben ein großes Schießgewehr und ein Schwert – hu! *(bei jeder Silbe patscht abwechselnd jeweils eine Hand auf den Oberschenkel – bei „hu“ tastet sich eine Hand vorsichtig vorwärts)*
Was ist das? Struppiges Fell … ein Schwanz … vier Beine … eine feuchte Schnauze … *(die ausgestreckte Hand tastet vorsichtig)* – ein Wildschwein!
Schnell weg hier! *(beide Hände patschen schnell hintereinander auf die Oberschenkel, Rennen imitieren)*

Das Ganze nun im Schnelltempo rückwärts – durch die dunkle Höhle – durch den Fluss – durch das dichte Gestrüpp – durch den Morast.

„Puh – Geschafft!“

Abschlussspiel „Malen nach Musik“

Alle Kinder suchen sich einen Platz im Raum und knien sich hin. Jedes Kind erhält einen großen Bogen Malpapier, den es vor sich hinlegt, und zwei Wachsmalstifte. Sobald die Musik von Vivaldi beginnt, dürfen die Kinder die Stifte über das Papier tanzen lassen. Dabei ist es nicht wichtig, dass die Kinder etwas Gegenständliches malen. Sie dürfen kreuz und quer im Takt zur Musik über das Blatt malen.

BVK KI22 • Jenny Hütter: Kita aktiv „Projektmappe Herbst“

Bildkarten „Musikinstrumente“

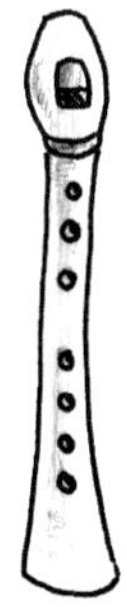

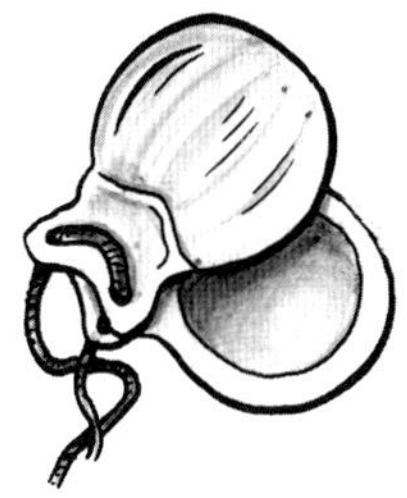

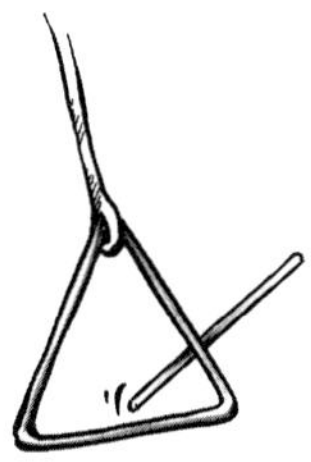

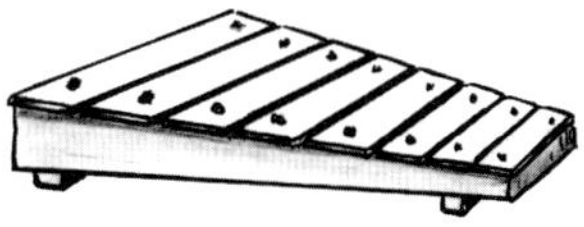

Erntelied (ab 2 Jahren)

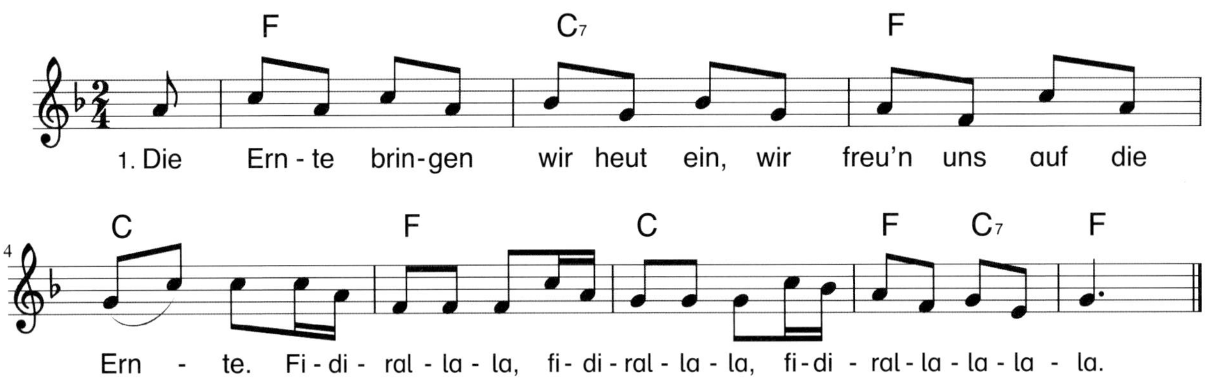

Die Äpfel pflücken wir vom Baum,
sie sind so reif, man glaubt es kaum. Refrain

Kastanie, Eichel, Haselnuss,
die Bucheckern noch ganz zum Schluss. Refrain

Die Beeren soll'n nicht fehlen hie,
wir pflücken und wir essen sie. Refrain

Der Kürbis, oh wie wunderbar,
der gibt 'ne Suppe, ist doch klar. Refrain

Die Möhren und Tomaten,
die ernten wir im Garten. Refrain

Hinweis:
Der Refrain kann mit den selbst gebauten Musikinstrumenten begleitet werden.

Ich hol mir eine Leiter (ab 2 Jahren)

Text und Melodie: traditionell

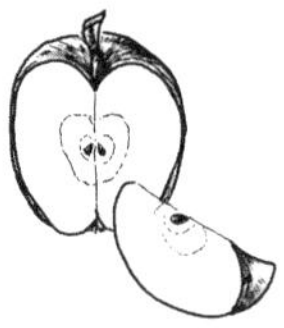

Liedtext	Bewegungsvorschlag
1. Ich hol mir eine Leiter und stell sie an den Apfelbaum.	*pantomimisch mit beiden Händen eine Leiter vor sich halten und abstellen*
Dann steig ich immer weiter, so hoch, man sieht mich kaum.	*mit Armen und Beinen Hochklettern imitieren*
Ich pflücke, ich pflücke,	*mit einer Hand „festhalten“, die andere pflückt pantomimisch die Äpfel und legt sie vor sich ins Körbchen*
mal über mir, mal unter mir, mal neben mir, mal hinter mir,	*über dem Kopf pflücken, nach unten beugen und pflücken, neben sich und hinter sich pflücken*
ein ganzes Körbchen voll.	*mit den Händen das volle Körbchen darstellen*
2. Dann steig ich immer weiter und halt mich an den Zweigen fest.	*mit Armen und Beinen Hochklettern imitieren*
Dort setz ich mich gemütlich auf einen dicken Ast.	*in die Hocke gehen*
Ich wippe, ich wippe,	*hin und her wippen*
mal vordiwapp, mal rückdiwapp, mal rechtsdiwapp, mal linksdiwapp,	*nach vorn und hinten wippen, nach rechts bzw. links wippen*
und falle nicht hinab.	*ruhig sitzenbleiben*
Knicks, knacks … plumps! (gesprochen)	*hinfallen*

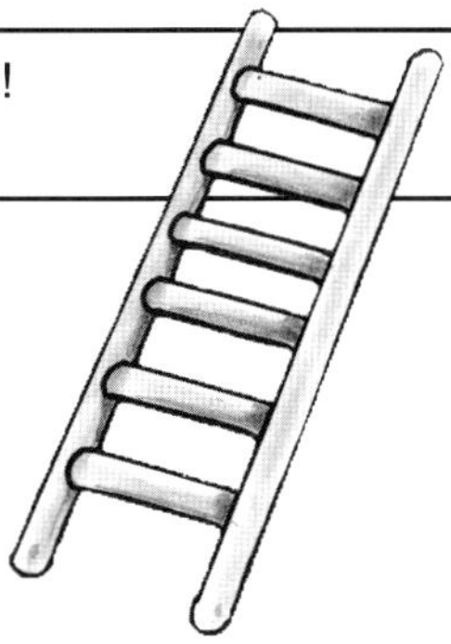

BVK KI22 • Jenny Hütter: Kita aktiv „Projektmappe Herbst“

Meine Mühle, die braucht Wind (ab 2 Jahren)

Text und Melodie: überliefert

2. Das Korn wird Mehl, das Mehl wird Brot,
und Brot tut allen Menschen gut.
Drum braucht meine Mühle Wind, Wind, Wind,
sonst geht sie nicht geschwind.

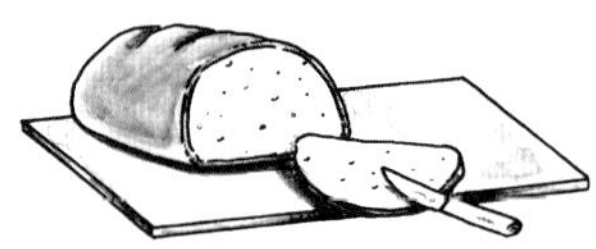

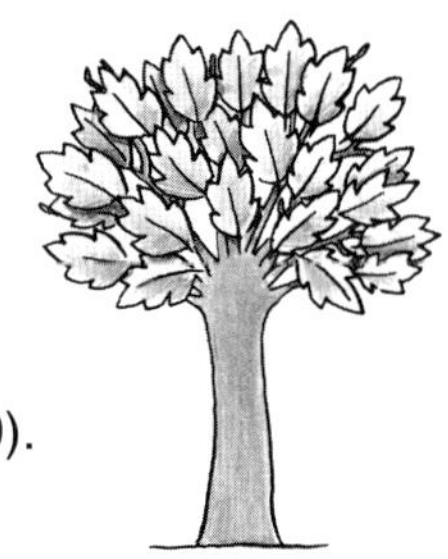

Hinweis:
Das Lied kann mit den selbst gebauten Rasseln oder der Ocean-Drum begleitet werden (s. S. 20).

Webrahmen (ab 4 Jahren)

Material:
4 gleich lange Stöcke, Kordel, 1 Schere, 1 Heißklebepistole, verschiedene bunte Herbstblätter, Herbstfrüchte (z. B. Ahorn, Eichel, Haselnuss …)

Arbeitsanleitung:
Die Stöcke werden so zu einem Quadrat gelegt, dass sich die Enden ein Stück weit überlappen.
Mit der Kordel werden die Stöcke straff zusammengebunden.
Danach werden Kordelschnüre in Längsrichtung in den Rahmen gespannt und oben und unten verknotet.
Die Blätter werden in die Schnüre hineingeflochten. Die restlichen Herbstfrüchte werden beliebig mit der Heißklebepistole an oder in den Rahmen geklebt.

BVK KI22 • Jenny Hütter: Kita aktiv „Projektmappe Herbst"

Bildbetrachtung zu „12 Sonnenblumen"
(Vincent van Gogh – 1888) (ab 4 Jahren)

Material:
Kunstdruck des Bildes „12 Sonnenblumen" von Vincent van Gogh,
Heftzwecken, 1 Sonnenblume, 1 Vase, 1 Schälchen mit Sonnenblumenkernen,
1 Blatt Papier für jedes Kind, Buntstifte oder Wachsmalstifte

Durchführung:

1. Die Kinder sitzen in einem Halbkreis mit Blickrichtung zu einer Wand. Alle Kinder sollen eine Hand öffnen und die Augen schließen.

2. Die Erzieherin geht mit den Sonnenblumenkernen von Kind zu Kind und legt jedem einen Kern in die Hand. Mit geschlossenen Augen fühlen die Kinder, jedes für sich, was es da in der Hand hält.

3. Dann werden die Augen geöffnet und die Kinder dürfen erzählen, was sie da in den Händen halten, wie es sich anfühlt etc. Hier kann die Erzieherin mit gezielten Fragen zu einer Gesprächsrunde anleiten, zum Beispiel: „Was hältst du in deiner Hand? Ist es groß oder klein, was du in den Händen hältst? Fühlt es sich glatt oder rau an? Ist es hart oder weich? Beschreibe die Form und das Aussehen! Konntest du mit geschlossenen Augen erfühlen, was es ist, oder hast du es mit offenen Augen erkannt? Wo kann man so etwas finden?"
   Wer möchte, darf probieren, wie der Sonnenblumenkern schmeckt.

4. Die Erzieherin erzählt den Kindern nun, dass sie die Pflanze hervorholt, zu der dieser Kern gehört. Die Sonnenblume wird einmal im Kreis herumgegeben. Jedes Kind darf schauen, fühlen und riechen.

5. Nun wird den Kindern erzählt, dass es vor langer Zeit einen berühmten Maler gegeben hat. Dieser Maler hieß Vincent van Gogh. Er fand diese Blumen so schön, dass er eine Reihe Bilder malte, auf denen sie zu sehen sind.

6. Die Erzieherin heftet nun das Bild „12 Sonnenblumen" an die Wand, sodass alle Kinder es gut sehen können. Die Kinder dürfen der Reihe nach beschreiben, was sie auf dem Bild sehen. Die Erzieherin vertieft das Gespräch durch gezielte Fragen, zum Beispiel: „Was seht ihr auf dem Bild? Wisst ihr, wie die Blumen heißen? Wie viele Sonnenblumen sind in der Vase? Welche Farben könnt ihr auf dem Bild erkennen? Sehen alle Blüten gleich aus oder gibt es Unterschiede? Beschreibt die Unterschiede bei den einzelnen Blumen! Aus welchen Teilen besteht die Blume?"

7. Im Anschluss an das Gespräch erhält jedes Kind ein Blatt Papier und Stifte. Alle Kinder sollen nun ein eigenes Sonnenblumenbild malen. Diese Bilder werden, zusammen mit dem Kunstdruck van Goghs, an die Wand geheftet.

Weiterführende Ideen:
Weitere Informationen für die Erzieherin zum Thema „Sonnenblume" sind in den Vorbemerkungen und Arbeitshinweisen zu finden (s. S. 5).
Folgende Aktionen eigenen sich als weiterführende Ideen zu diesem Thema:
Sonnenblumenbilder aus Körnern (s. S. 29), Sonnenblumenbilder mit Fingerfarbe (s. S. 30), Die Sonnenblumenkerne (s. S. 45), Schüttübung mit Sonnenblumenkernen (s. S. 45).
Das Ausmalbild zu van Gogh auf Seite 28 kann ausgemalt werden.

BVK KI22 • Jenny Hütter: Kita aktiv „Projektmappe Herbst"

Ausmalbild zu „12 Sonnenblumen“ (Vincent van Gogh – 1888) (ab 4 Jahren)

(Bitte hochkopieren.)

BVK KI22 • Jenny Hütter: Kita aktiv „Projektmappe Herbst“

Sonnenblumenbilder aus Körnern (ab 3 Jahren)

Material:
Vorlage „Sonnenblume“ (s. u.), Kleister, Pinsel, 1 Schälchen mit Sonnenblumenkernen, 1 Schälchen mit Maiskörnern, 1 Schere, evtl. 1 Pinzette

Arbeitsanleitung:
1. Die Vorlage „Sonnenblume“ wird kopiert und ausgeschnitten.

2. Der kreisförmige innere Teil der Blume wird mit Kleister bestrichen.

3. Die Sonnenblumenkerne werden in den Kreis geklebt. Die älteren Kinder können dafür eine Pinzette verwenden, das ist motorisch etwas schwieriger.

4. Anschließend werden nacheinander alle Blütenblätter mit Kleister bestrichen und die Maiskörner daraufgeklebt. Auch hierfür können die älteren Kinder (ca. ab 4 Jahren) eine Pinzette verwenden.

Vorlage „Sonnenblume“

BVK KI22 • Jenny Hütter: Kita aktiv „Projektmappe Herbst“

Sonnenblumenbilder mit Fingerfarben (ab 2 Jahren)

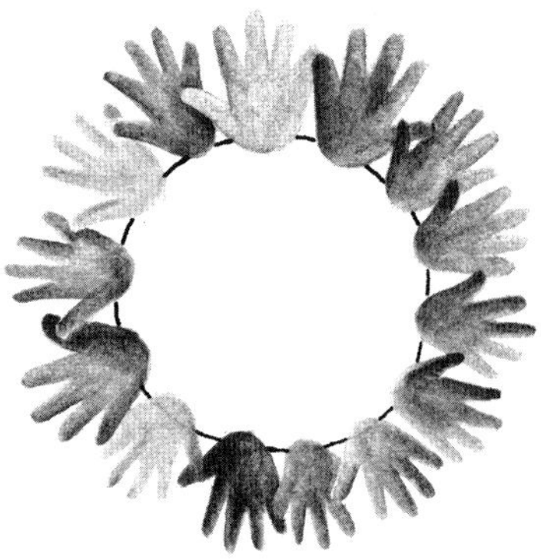

Material:
große Bögen Malpapier, Fingerfarbe in Braun und Gelb, Pinsel, Wasserbecher, Malkittel

Arbeitsanleitung:
1. Mit dem Pinsel und der Fingerfarbe wird in die Mitte des Blattes ein brauner Kreis gemalt.

2. Die Handinnenseite des Kindes wird gelb angemalt. Je nach Alter und Entwicklungsstand kann das Kind dies selbst machen oder die Erzieherin malt die Handfläche an.

3. Die Hand wird nun auf das Papier gedruckt. Das Ganze wird – je nach Größe des Kreises – 4–8 Mal wiederholt.
   Dabei liegt die Handkante am Kreis, die Finger zeigen vom Kreis weg.

Kastanienmännchen (ab 3 Jahren)

Material:
Rosskastanien, 1 Handbohrer, Zahnstocher, evtl. 1 schwarzer Filzstift, Kleber, sonstige Herbstfrüchte wie Eicheln, Blätter, Walnussschalen, Eichelhäubchen, Ahornsamen …

Arbeitsanleitung:
Kastanien eignen sich sehr gut als schöne Basteldekoration. Mit dem Handbohrer werden Löcher in die Kastanien gebohrt. Die Zahnstocher werden hineingedrückt (evtl. vorher durchbrechen zum Verkürzen) und evtl. mit Kleber fixiert.
Es gibt viele lustige Dinge, die gebastelt werden können. Hier einige Vorschläge zum Nachbauen:

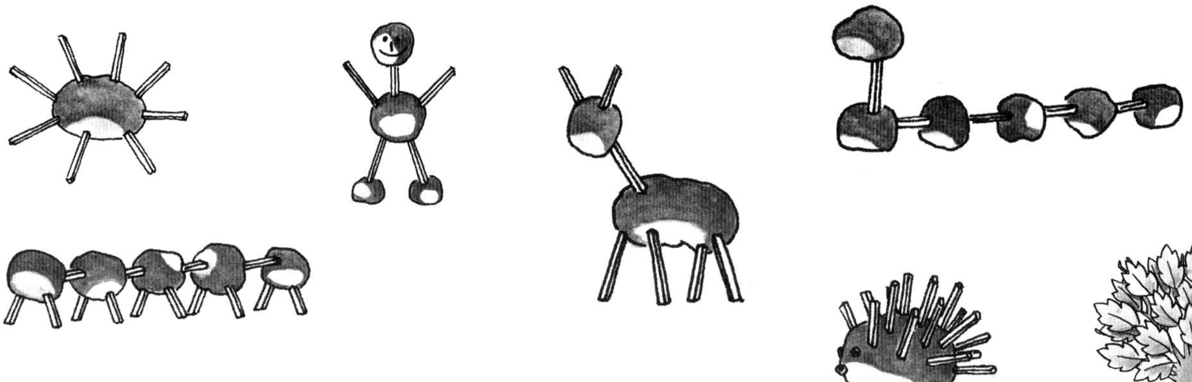

Die Kastanienmännchen / -tiere etc. können zusätzlich bemalt oder mit anderen Herbstfrüchten dekoriert werden.

BVK KI22 • Jenny Hütter: Kita aktiv „Projektmappe Herbst“

Einfache Bastelideen mit Blättern (ab 2 Jahren)

Blättergirlande

Material:
viele Blätter einer Art (möglichst große, wie z. B. Ahornblätter),
1 Nadel, 2 Stücke (stabiler) Bindfaden, 2 große Perlen, 1 Heftzwecke

Arbeitsanleitung:
1. Auf einem Herbstspaziergang oder im Außengelände werden heruntergefallene Blätter gesammelt.
2. Der Faden wird auf die Nadel gezogen. Eine Perle wird am Ende des Fadens fest verknotet.
3. Als Nächstes werden die Blätter aufgefädelt, indem Nadel und Faden vorsichtig durch die Blätter geführt werden.
4. Zum Schluss kommt die zweite Perle unten an den Faden. Die Nadel wird entfernt und der Faden gut verknotet.
5. Der zweite Bindfaden wird an der oberen Perle verknotet.
6. Jetzt kann das Ganze als Blättergirlande an die Decke gehängt werden.
   Hinweis: Je höher die Decken, desto länger sollte die Girlande sein.

Der Blätterbaum

Material:
1 großes Blatt Papier, gepresste Blätter einer Art, Kleister, 1 Pinsel, 1 Malkittel, Buntstifte, 1 Bleistift

Arbeitsanleitung:
1. Auf das Blatt Papier wird ein Baum gemalt. Je nach Alter der Kinder malt die Erzieherin diesen oder die Kinder malen ihn selbst auf. Dieser wird mit den Buntstiften angemalt.
2. Die gepressten Blätter werden nun mit Kleister auf das Bild geklebt. Dabei können einige Blätter an den Zweigen hängen, einige können durch die Luft wirbeln und andere schon am Boden liegen.

Spritztechnik mit Blättern

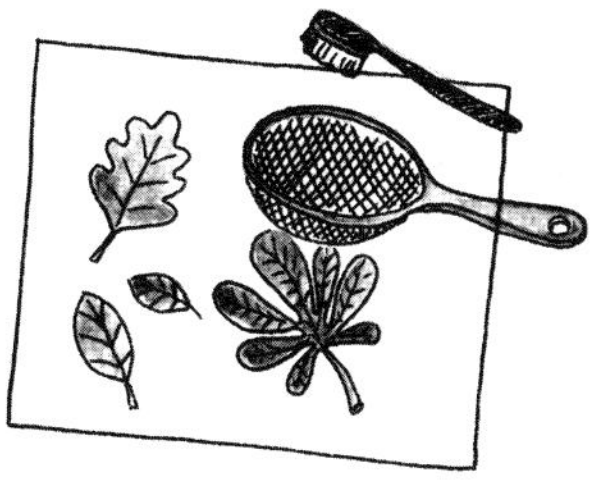

Material:
gepresste Blätter, Malpapier, Wassermalfarbe, 1 Wasserbecher, 1 alte Zahnbürste, 1 Malkittel, 1 flaches Sieb

Arbeitsanleitung:
1. Es werden beliebig viele Blätter auf das Malpapier gelegt.
2. Jetzt muss man etwas vorsichtig sein, damit diese nicht weggeweht werden. Die Zahnbürste wird wie ein Pinsel benutzt und mit Farbe benetzt.
3. Das Sieb wird über das Papier gehalten und die Zahnbürste darübergestrichen. Das Ganze ruhig mehrmals wiederholen. Dabei dürfen auch verschiedene Farben verwendet werden.
4. Zum Schluss vorsichtig die Blätter abziehen und beiseitelegen.

Nach dem Trocknen können die Bilder als Wanddekoration im Gruppenraum aufgehängt werden.

Wärme-Säckchen (ab 4 Jahren)

Material:
dünner Bastelfilz in Grün und Orange, 1 Nähmaschine (alternativ Nadel und Faden), Weizenkörner, 1 Filzstift, 1 Maßband, 1 Stoffschere, Kordel in beliebiger Farbe, 1 Locher, Kopiervorlage „Kürbis“ (s. u.), Kleber

Arbeitsanleitung:

1. Aus dem grünen Filz wird ein 10 x 20 cm großes Rechteck ausgeschnitten. Dieses wird in der Mitte gefaltet.

2. Das entstandene Quadrat wird so zugenäht, dass nur eine Seite offen bleibt.

3. Entlang der offenen Seite werden Löcher gestanzt (etwa 0,5 cm Abstand zwischen den Löchern). Durch die Löcher wird die Kordel gezogen.

4. Die Vorlage „Kürbis“ wird kopiert und auf den orangefarbenen Filz übertragen.

5. Den Kürbis ausschneiden und mit Hilfe des Klebers auf das Säckchen kleben. Gut trocknen lassen.

6. Die Weizenkörner werden in das Säckchen gefüllt. Dieses wird nun mit Hilfe der Kordel zugezogen und fest verknotet.

Hinweis:
Die Säckchen für wenige Sekunden in die Mikrowelle legen und warm werden lassen. Bei kalten Füßen, Händen oder bei Bauchschmerzen kann ein Wärme-Säckchen Wunder bewirken.
Die Wärme-Säckchen eignen sich auch gut als kleines Geschenk.

Kopiervorlage „Kürbis“

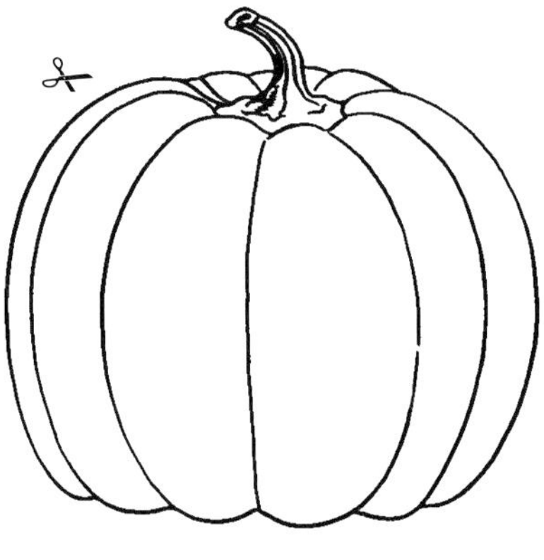

BVK KI22 • Jenny Hütter: Kita aktiv „Projektmappe Herbst“

Eine Martinslaterne basteln (ab 2 Jahren)

Material:
Wellpappe (beliebige Farbe, vorzugsweise passen Herbsttöne), weißes Transparentpapier, braune Fingermalfarbe, 1 Pinsel, 1 Kittel, 1 Filzstift, getrocknete Herbstblätter, Kleister, Kleber, 1 Schere, 1 Lineal, 1 Bleistift, 1 Locher, 1 Metallbügel, 1 Laternenstab

Arbeitsanleitung:
1. Das Transparentpapier wird auf 42 x 30 cm zugeschnitten.

2. Dieses wird nun als Erstes gestaltet. Die Handfläche des Kindes wird dafür mit der braunen Fingermalfarbe angemalt. Die Hand wird auf das Transparentpapier gedrückt, dabei sollte der Daumen möglichst weit abstehen. Je nach Geschmack können 1–3 Handabdrücke auf das Papier gedrückt werden. Dieses wird nun erst einmal zum Trocknen an die Seite gelegt.

3. Von der Wellpappe werden 2 Streifen, etwa 40 x 3 cm, abgeschnitten. Diese werden jeweils am oberen bzw. am unteren Rand auf das Transparentpapier geklebt. Die Pappstreifen schließen an einer Seite nicht ganz ab.

4. Aus dem Handabdruck entsteht ein Igel, der Daumen ist die Nase des Igels. Mit dem Filzstift kann ihm noch ein Gesicht gemalt werden.

5. Die getrockneten Blätter werden mit Kleister bestrichen und um den Igel herum auf das Transparentpapier geklebt. Dabei bleibt es jedem selbst überlassen, wie viele Blätter auf der Laterne sein sollen. Das Ganze wiederum zum Trocknen an die Seite stellen.

6. Nach dem Trocknen wird der Papierbogen rund geformt. Die Pappstreifen schließen bündig aneinander, während sich das Transparentpapier etwas überlappt. Dieser Teil wird mit Kleber bestrichen und aneinandergeklebt. Gut trocknen lassen.

7. In den oberen Pappstreifen werden mit dem Locher zwei Löcher an gegenüberliegenden Stellen gemacht. Hier wird der Metallbügel eingehakt. Der Laternenstab hat eine Halterung, in die der Metallbügel später eingehakt wird.

BVK KI22 • Jenny Hütter: Kita aktiv „Projektmappe Herbst"

Wie entsteht Nebel? (ab 4 Jahren)

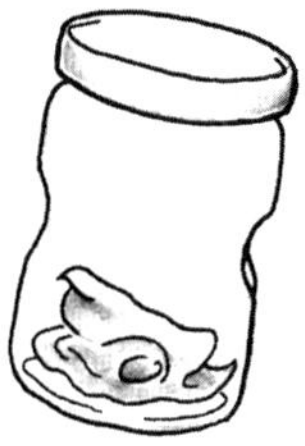

Material:
1 Marmeladenglas mit Deckel, 1 Taschentuch, Wasser

Arbeitsanleitung:
Das Taschentuch wird gut mit Wasser befeuchtet und in das Marmeladenglas gelegt. Das Glas wird verschlossen. Die Kinder beobachten zuerst, was mit dem Glas in einem warmen Raum geschieht (etwa 1 Stunde). Anschließend wird das Glas für dieselbe Zeit nach draußen gestellt. Wieder schauen die Kinder, was in dem Glas passiert.

Hinweis:
Wenn das Glas draußen steht, muss die Außentemperatur deutlich kälter als die Innentemperatur sein. Allerdings darf kein Frost herrschen.

Erklärung:
Im warmen Raum kann die Luft den Wasserdampf aus dem Taschentuch aufnehmen. Die kalte Luft draußen kann den Wasserdampf allerdings nicht halten, sie gibt den Wasserdampf ab. Er kondensiert, das heißt, er geht vom gasförmigen in den flüssigen Zustand über. Das Glas beschlägt, die Wassertröpfchen setzen sich auf der Glasinnenseite und an dem Deckel ab.

Die Wetterstation (ab 4 Jahren)

Material:
1 Holzbrett 10 x 10 cm, 1 Holzbrett 10 x 20 cm, 1 Stecknadel, 1 Strohhalm, 2 Nägel, 1 Hammer, 1 Heißklebepistole, 1 schwarzer Filzstift, 1 Kiefernzapfen

Arbeitsanleitung:
1. Das größere der beiden Holzbrettchen wird hochkant an das kleinere Brettchen genagelt.
2. Mit Hilfe der Heißklebepistole wird der Kiefernzapfen auf die rechte Seite des kleineren Brettchens geklebt.
3. Die Stecknadel auf der linken Seite des Zapfens in eine der mittleren Schuppen stecken und den Strohhalm darauf stecken.
4. Mit dem Filzstift auf den oberen Teil des langen Brettchens Regentropfen malen, auf den unteren Teil eine Sonne.
5. Anschließend wird die Wetterstation draußen an einer wind- und regengeschützten Stelle platziert.
6. Nun können die Kinder beobachten, wie sich der Zeiger (Strohhalm) bewegt, wenn eine hohe Luftfeuchtigkeit herrscht, bzw. wenn trockenes Wetter ist.

BVK KI22 • Jenny Hütter: Kita aktiv „Projektmappe Herbst“

Aus welchen Farben besteht das Blatt? (ab 4 Jahren)

Hinweis:
Das Experiment wird einmal am Herbstanfang mit grünen Blättern durchgeführt. Einige Wochen später wird es noch einmal wiederholt, dieses Mal mit bunten Blättern, die von denselben Bäumen stammen wie beim ersten Mal.

Material:
jeweils 1 Blatt von verschiedenen Bäumen (z. B. Ahorn, Eiche, Buche …), genauso viele Gläser und Müslischalen wie Blätter, Alkohol aus der Apotheke (z. B. Isopropylalkohol), Frischhaltefolie, einige Kaffeefilter, 1 Mörser, heißes Wasser, Kreppklebeband, Klebeband, 1 Stift, 1 Schere, 1 Uhr, jeweils 1 Bild der verwendeten Bäume, 1 Blatt Papier, Buntstifte, 1 Lineal, Kleber

Arbeitsanleitung:
1. Die verschiedenen Blätter werden nacheinander in sehr kleine Stücke gerissen und einzeln im Mörser zerstampft.
2. Die zerstampften Blätter in je ein Glas geben und mit Kreppklebeband bekleben. Auf das Kreppklebeband schreiben, um welchen Baum es sich handelt.
3. Die Erzieherin füllt die Gläser mit dem Alkohol, sodass die Blätter vollständig bedeckt sind. **(Achtung! Der Alkohol gehört nicht in Kinderhände, diesen Arbeitsschritt macht die Erzieherin. Bitte auch danach unbedingt darauf achten, dass die Kinder nicht an die Gläser mit dem Alkohol kommen!)** Die Gläser werden mit Frischhaltefolie verschlossen.
4. Die Müslischalen werden etwa 2 cm hoch mit heißem Wasser gefüllt. Die Gläser werden in die Müslischalen gestellt. Das Ganze etwa 30 – 40 Minuten stehen lassen. Etwa alle 5 Minuten etwas heißes Wasser nachfüllen und das Glas mit dem Alkohol schwenken.
5. Während dieser Zeit werden vom Kaffeefilterpapier etwa 10 cm lange Streifen abgeschnitten.
6. Die Bilder der verwendeten Bäume werden untereinander auf ein Blatt Papier geklebt.
7. Nach der Einwirkzeit wird die Frischhaltefolie von den Gläsern entfernt. Der untere Rand des Kaffeefilterstreifens wird in das Glas getunkt. Der obere Rand wird um den Glasrand geknickt und mit einem Klebestreifen befestigt.
8. Jetzt dauert es wieder einige Zeit, in der die Kinder immer wieder beobachten können, wie die Flüssigkeit das Papier hinaufwandert. Dabei werden die Farbstoffe mittransportiert. Die Kinder sehen, welche Farben in dem Blatt enthalten sind.
9. Die Kinder malen jetzt die entsprechenden Farben neben die Bilder mit den Bäumen.
   Später im Herbst, wenn die Blätter tatsächlich bunt sind, vergleichen die Kinder das bunte Herbstblatt mit den aufgezeichneten Farben.

Mit den bunten Herbstblättern wird das Experiment nach einigen Wochen wiederholt.
Nun kann man die restlichen Farben leichter erkennen, da nicht mehr viel Blattgrün vorhanden ist.

Kastanie

Eiche

Buche

Ahorn

BVK KI22 • Jenny Hütter: Kita aktiv „Projektmappe Herbst“

Warum haben Früchte eine Schale? (1) (ab 3 Jahren)

Material:

2 Äpfel, 2 Birnen, 2 Gurken, 3 Schneidebretter, 1 Messer, 1 digitale Küchenwaage, Arbeitsblatt „Warum haben Früchte eine Schale?“ (s. S. 37), 1 Stift

Arbeitsanleitung:

1. Das Arbeitsblatt „Warum haben Früchte eine Schale?“ wird kopiert.

2. 1 Apfel, 1 Birne und 1 Gurke werden geschält.

3. Jede Frucht wird gewogen und das entsprechende Gewicht auf dem Arbeitsblatt eingetragen.

4. Ungeschälte sowie geschälte Äpfel, Birnen und Gurken werden jeweils zusammen auf die Schneidebretter gelegt. Die Kinder schauen nun 10 Tage lang, was mit den Früchten geschieht. Jeden Tag werden diese gewogen und das Ergebnis wird auf dem Arbeitsblatt eingetragen. Das Wochenende wird dabei übersprungen, sodass das Experiment insgesamt 12 Tage dauert. Die Kinder beobachten auch, was sonst noch mit den Früchten in dieser Zeit passiert (sie werden braun, schrumpelig, kleiner ...). Die Erzieherin regt die Kinder dazu an, ihre Beobachtungen zum Beispiel im Stuhlkreis zu äußern. Vielleicht stellen die Kinder auch schon Vermutungen darüber an, was mit den Früchten passiert.

5. Am 10. Tag rechnet die Erzieherin nach, wie viel Gewicht die jeweilige Frucht insgesamt in der Zeit verloren hat.

Erklärung:

Die Früchte verlieren an Gewicht. Diejenigen ohne Schale verlieren deutlich mehr an Gewicht als diejenigen mit Schale. Zudem ändert sich das Aussehen der Früchte, sie werden kleiner, „schrumpeln“ und färben sich braun.

Dies geschieht, weil die Früchte Wasser enthalten. Die Schale schützt die Frucht davor auszutrocknen. Dabei gilt: Je mehr Flüssigkeit eine Frucht enthält, desto mehr trocknet sie auch aus, wenn sie ungeschützt ist.

Die bräunliche Verfärbung entsteht dadurch, dass Äpfel und Birnen eine Substanz enthalten, die mit dem Sauerstoff der Luft reagiert.

BVK KI22 • Jenny Hütter: Kita aktiv „Projektmappe Herbst“

Warum haben Früchte eine Schale? (2) (ab 3 Jahren)

	1. Tag	2. Tag	3. Tag	4. Tag	5. Tag	6. Tag	7. Tag	8. Tag	9. Tag	10. Tag	Gewichtsverlust insgesamt

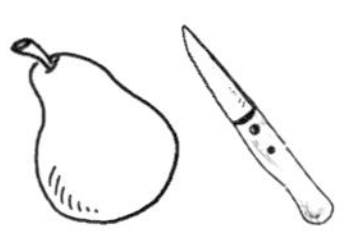											
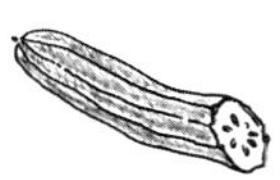											

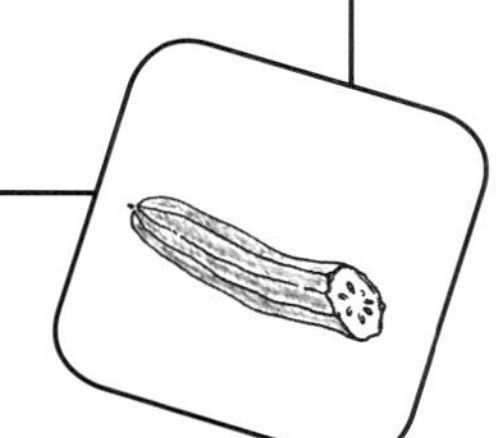

Was passt zusammen? (ab 4 Jahren)

Schneide die einzelnen Kärtchen aus.

Was gehört zusammen?

Klebe die passenden Bilder nebeneinander auf ein Blatt Papier.

Male die Pflanzen in ihren natürlichen Farben an!

BVK KI22 • Jenny Hütter: Kita aktiv „Projektmappe Herbst“

Stachelige Birnenigel (ab 2 Jahren)

Zutaten (für 2 Igel):
1 große Birne, 6 Gewürznelken, Mandelstifte, Wasser

Arbeitsmittel:
1 Schneidebrett, 1 Messer, 1 Kochtopf, 1 Herd, 1 Pfannenwender, 1 Teller

Zubereitung:
1. Die Birne wird halbiert und geschält. Das Kerngehäuse wird vorsichtig mit einem spitzen Küchenmesser entfernt.
2. Das Wasser im Kochtopf zum Kochen bringen und die Birne etwa 2–4 Minuten darin weich kochen. Je nachdem, wie hart oder weich die Birne ist, kann die Kochzeit variieren. Birnen, die bereits weich sind, brauchen nicht gekocht zu werden, sie würden sonst auseinanderfallen.
3. Die Birnen mit dem Pfannenwender aus dem Wasser nehmen und mit der flachen Seite nach unten auf einen Teller legen.
4. An das schmale längliche Stück werden die Gewürznelken als Augen und Nase hineingesteckt. Der dicke und breite Teil der Birne wird mit Mandelstiften bestückt, das sind die Stacheln vom Igel.

Fertig ist ein leckerer Birnenigel für ein gesundes Frühstück.

Ein leckeres Knuspermüsli (ab 2 Jahren)

Zutaten:
400 g verschiedene Getreideflocken (z. B. Haferflocken, Dinkelflocken, Weizenvollkornflocken ...), 100 g Studentenfutter, 50 g Sonnenblumenkerne, frisches Obst, Milch

Arbeitsmittel:
1 Waage, 1 große Schüssel, 1 Löffel, 1 Schneidebrett, 1 Messer, 1 kleinere Schüssel für jede Obstsorte

Zubereitung:
1. Die Getreideflocken, das Studentenfutter und die Sonnenblumenkerne werden in der großen Schüssel vermengt.
2. Das Obst wird gewaschen, entkernt und in kleine Stücke geschnitten. Diese werden je Obstsorte in kleinere Schüsseln gegeben.
3. Für das Müsli kann nun jedes Kind Getreideflocken und frisches Obst in seiner Müslischale vermengen und mit Milch übergießen.

Eine leckere und gesunde Idee zum gemeinsamen Frühstück!

Tipp:
Wer eine Flockenquetsche besitzt, kann anstatt der Flocken Getreidekörner verwenden. Es ist für die Kinder ein tolles Erlebnis, die Körner selbst zu quetschen und so zu sehen, wie die Flocken hergestellt werden.

BVK KI22 • Jenny Hütter: Kita aktiv „Projektmappe Herbst"

Brot backen (ab 2 Jahren)

Zutaten:
250 g Weizenmehl, 250 g Dinkelmehl, 1 Päckchen Trockenhefe, 300 ml lauwarmes Wasser, etwas Salz, 100 g Sonnenblumenkerne, Sonnenblumenöl, Butter für die Form
Für die weiterführenden Ideen: Aufschnitt, Gemüse (z. B. Gurke, Möhre, Radieschen, Tomate ...), Messer, Teller, Getreidemühle oder Mörser

Arbeitsmittel:
1 Messbecher, 1 große Rührschüssel, 1 Kastenform, 1 Backofen, 1 Waage, 1 Löffel, 1 Handtuch

Zubereitung:
1. Das lauwarme Wasser in den Messbecher füllen und die Hefe hineinrühren.

2. Beide Mehlsorten und das Salz in die Rührschüssel geben und mit einem Löffel vermengen.

3. In die Mitte eine Vertiefung drücken und die Wasser-Hefe-Mischung hineingeben. Das Ganze mit den Händen gut durchkneten, bis ein glatter Teig entsteht.

4. Als Letztes werden noch die Sonnenblumenkerne und ein kleiner Schluck Öl mit hineingeknetet.

5. Den Teig abgedeckt an einem warmen Ort (am besten über Nacht) gehen lassen. Anschließend noch einmal gut durchkneten.

6. Die Kastenform einfetten, den Teig hineingeben und abermals abgedeckt etwa 1 Stunde gehen lassen. Den Ofen auf 200° C vorheizen und das Brot 30 Minuten backen.

Weiterführende Ideen:
Gemüse kleinschneiden und bei einem Frühstück die Brotscheiben erst mit Aufschnitt belegen, anschließend aus dem Gemüse lustige Gesichter auf das Brot legen. Zusammen mit dem Birnenigel und dem Müsli (s. S. 39) gibt dies ein schmackhaftes und gesundes Frühstück.
Wer eine Getreidemühle besitzt, kann anstatt des fertigen Mehls Getreidekörner verwenden, die von den Kindern zu Mehl verarbeitet werden. Es ist für die Kinder ein tolles Erlebnis, die Körner selbst zu mahlen und so zu sehen, wie Mehl hergestellt wird. Ohne eine Getreidemühle könnte man zumindest einige Körner mit dem Mörser zerreiben. Die Kinder erleben, wie viel Arbeit hinter dem Mehlmahlen steckt.

Getrocknete Apfelringe (ab 2 Jahren)

Zutaten:
mehrere Äpfel

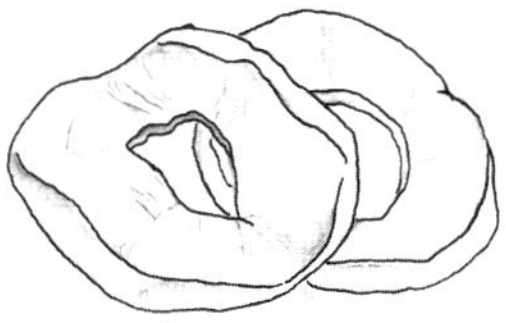

Arbeitsmittel:
1 Schneidebrett, 1 Messer, Backofen, 1 Backblech, Backpapier

Zubereitung:
1. Die Äpfel waschen und in möglichst dünne Ringe schneiden (die Kerne fallen aus den dünnen Scheiben von allein heraus).

2. Das Backblech mit dem Backpapier belegen und die Apfelringe nebeneinander darauflegen.

3. Den Ofen auf 50° C vorheizen und das Backblech hineinschieben. Die Apfelringe nun mindestens 3 Stunden im Backofen trocknen lassen.

4. Danach werden die Apfelringe zum weiteren Trocknen an die Seite gestellt. (Je nach Dicke der Scheiben dauert es ungefähr 1 Tag bis die Apfelchips vollständig getrocknet sind.) Eine süße, aber gesunde Knabber-Alternative!

Möhren-Kuchen (ab 2 Jahren)

Zutaten:
100 g Rohrzucker, 5 Eier, 250 g Möhren, 50 g Dinkelmehl, 150 g gemahlene Mandeln, 100 g gehackte Mandeln, 1 Päckchen Backpulver, etwas Margarine

Arbeitsmittel:
1 Küchenwaage, 2 Tassen, 1 Handrührgerät, 1 Reibe, 2 Schüsseln, Pinsel, Backofen, Springform, 1 Messer, 1 Schneebesen, 1 Sparschäler

Zubereitung:
1. Die Eier werden aufgeschlagen und getrennt. Eiweiß und Eigelb kommen jeweils in eine Tasse.

2. Die Möhren waschen und schälen. Sie werden mit der Reibe fein gerieben.

3. Das Eiweiß in eine hohe Schüssel geben und mit dem Handrührgerät zu Eischnee verarbeiten.

4. In der zweiten Schüssel Eigelb und Zucker schaumig rühren. Die geriebenen Möhren, gehackte und gemahlene Mandeln, Mehl und Backpulver mit dem Handrührgerät unterrühren. Zuletzt den Eischnee mit dem Schneebesen vorsichtig unterheben.

5. Die Springform einfetten und den Teig hineinfüllen. Das Ganze im vorgeheizten Ofen bei 180° C 50 Minuten backen.

BVK KI22 • Jenny Hütter: Kita aktiv „Projektmappe Herbst“

Bilder-Kopiervorlage von Zutaten und Haushaltsgegenständen

Stachelige Birnenigel

Ein leckeres Knuspermüsli

Brot backen

Getrocknete Apfelringe

Möhren-Kuchen

Wo finden wir Getreide? (ab 4 Jahren)

Welche Lebensmittel findest du auf diesem Blatt?

Male alle Lebensmittel an, in denen Getreide enthalten ist.

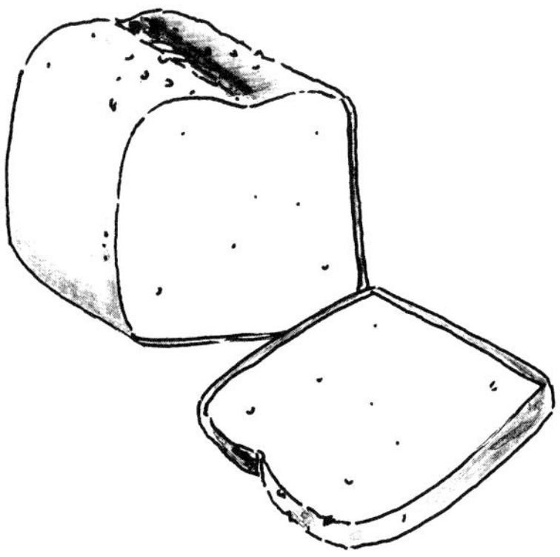

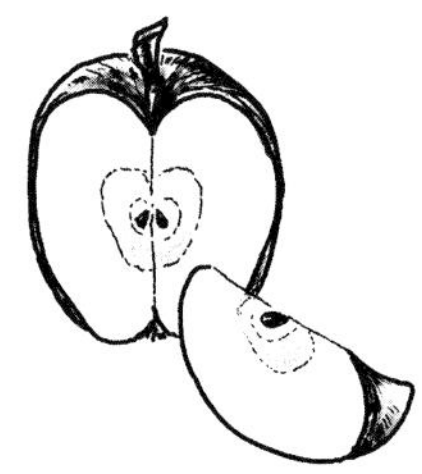

Erntezeit (ab 4 Jahren)

Material:
1 Zahlenwürfel, 1 Würfel „Herbstfrüchte“ (s. u.), 1 Erntekörbchen für jedes Kind (Schachtel, Materialschälchen o. Ä.), 1 großer Erntekorb, Klebepunkte, Tonpapier, 1 Bleistift, 1 Schere, Kleber

Vorbereitung:
Der „Herbstfrüchte-Würfel“ wird hochkopiert, auf das Tonpapier übertragen und ausgeschnitten.
Die Faltkanten werden umgeknickt und die Klebeflächen mit Kleber bestrichen. Anschließend wird der Würfel zusammengeklebt.

Spielmöglichkeit:
Dieses Spiel wird im Freien gespielt.
Jedes Kind erhält ein Erntekörbchen. Der große Erntekorb steht bei der Erzieherin. Diese würfelt mit beiden Würfeln. Die Kinder haben nun die Aufgabe, die entsprechende Anzahl der abgebildeten Herbstfrüchte zu finden und in ihrem Erntekorb zu sammeln. So schnell wie möglich bringen sie diesen dann zur Erzieherin. Sie kontrolliert, ob auch die richtige Anzahl und die richtigen Pflanzen gesammelt wurden. Das Kind, das als Erstes die entsprechende Ernte zur Erzieherin bringt, erhält einen Klebepunkt auf sein Erntekörbchen. Wer nach 10 Runden die meisten Klebepunkte erbeuten konnte, ist Sieger des Spiels.
Die gefundenen Pflanzen können in dem großen Erntekorb gesammelt und für weitere Spiele oder Bastelarbeiten verwendet werden.

Hinweis:
Das Spiel kann im Außengelände oder aber bei einer Waldrallye gespielt werden. Im Wald muss ein Spielradius abgesteckt werden, damit sich die Kinder nicht zu weit von der Erzieherin entfernen. Bei beiden Möglichkeiten ist zu beachten, dass die entsprechenden Pflanzen auch dort wachsen, wo gespielt wird. Alternativ kann die Erzieherin im Vorfeld entsprechende Früchte und Blätter überall verstecken und verteilen, oder den Würfel mit Bildern anderer Pflanzen bekleben.

Kopiervorlage „Herbstfrüchte-Würfel“

(Bitte hochkopieren.)

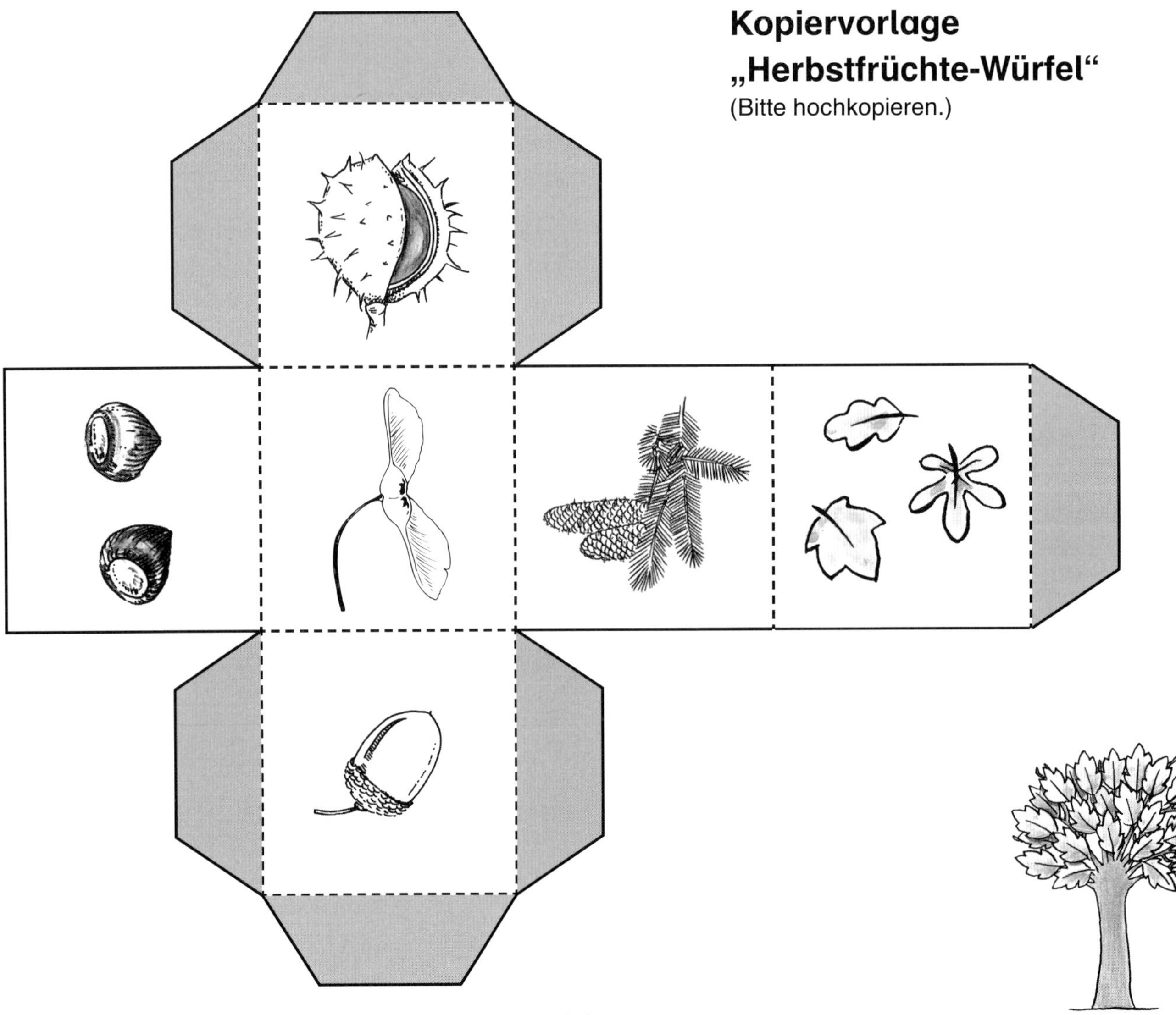

Mathematische Grundübungen (1)

Die Sonnenblumenkerne (Sortieren und Ordnen) (ab 3 Jahren)

Material:
1 Sonnenblume, 1 Pinzette, 1 Materialschälchen

Spielmöglichkeit:
Die Kinder pflücken mit einer Pinzette die Sonnenblumenkerne aus der Blüte heraus und legen sie in das Materialschälchen. Ältere Kinder können dabei die Kerne zählen.

Durcheinandergeratene Herbstfrüchte (Sortieren und Ordnen) (ab 2 Jahren)

Material:
1 Schüssel, Sonnenblumenkerne, Kastanien, Eicheln, Haselnüsse, Maiskörner, Ahornsamen, 6 Materialschälchen
Für die Variante: 1 Zahlenwürfel, 1 selbst gebastelter Würfel, auf dem die Herbstfrüchte abgebildet sind (s. S. 44)

Spielmöglichkeit:
Die Herbstfrüchte werden in die Schüssel gegeben. Die Kinder haben die Aufgabe, die Früchte zu sortieren. Jede Herbstfrucht gehört in ein Materialschälchen.
Variante: Ältere Kinder können daraus ein Spiel machen, indem sie beide Würfel werfen. Die entsprechende Anzahl der jeweiligen Herbstfrucht wird herausgenommen und in das passende Schälchen gelegt. Jedes Schälchen gehört zu einem Mitspieler. Wessen Schälchen ist als Erstes gefüllt? Dabei muss natürlich darauf geachtet werden, dass von jeder Herbstfrucht dieselbe Anzahl in der großen Schüssel vorhanden ist.

Schüttübung mit Sonnenblumenkernen (Sortieren und Ordnen) (ab 2 Jahren)

Material:
4 verschiedene Becher und Kannen, 1 Trichter, Sonnenblumenkerne, 1 Tablett, 1 Messbecher

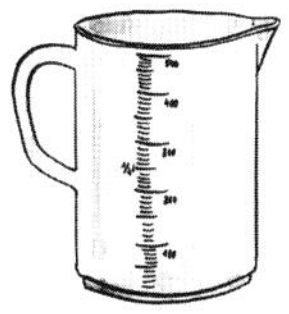

Spielmöglichkeit:
1 Messbecher wird mit den Sonnenblumenkernen gefüllt (etwa ¾ befüllen). Alle Becher, Kannen und der Trichter werden auf ein Tablett gestellt.
Die Kinder schütten nun die Kerne von einem Gefäß in das nächste. Dabei darf der Trichter verwendet werden. Ziel ist es, dass beim Umschütten nichts hinunterfällt.

Legeübung mit Herbstfrüchten (Formen und Muster) (ab 3 Jahren)

Material:
jeweils 1 Schälchen mit Sonnenblumenkernen, Maiskörnern, Eicheln, Kastanien, Haselnüssen, 2 Pinzetten, Kopiervorlage „Legeübung“ (s. S. 47), 1 Schere

Spielmöglichkeit:
Die Kopiervorlage „Legeübung“ wird hochkopiert und auseinandergeschnitten.
In das Schälchen mit den Maiskörnern und den Sonnenblumenkernen kommt jeweils 1 Pinzette (diese sind eher für ältere Kinder geeignet).
Jedes Kind sucht sich eine Legeübung und ein Schälchen aus. Das Kind legt dann zum Beispiel die Eicheln entlang der Linie seiner Legeübung.

BVK KI22 • Jenny Hütter: Kita aktiv „Projektmappe Herbst“

Mathematische Grundübungen (2)

Reihen vervollständigen (Formen und Muster) (ab 4 Jahren)

Material:
jeweils 1 Schälchen mit Eicheln, Kastanien, Haselnüssen, Bucheckern, Kopiervorlage „Reihen vervollständigen“ (s. S. 48), 1 Schere

Spielmöglichkeit:
Die Vorlage „Reihen vervollständigen“ wird kopiert und auseinandergeschnitten. Das Kind legt die entsprechenden Früchte auf die Zeichnung. Anschließend wird diese Früchtereihe vervollständigt.

Kastanienpyramide (Messen und Zählen) (ab 4 Jahren)

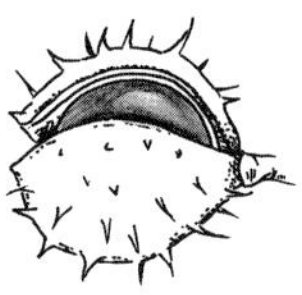

Material:
viele Kastanien, 1 Stoppuhr, 2–4 Gymnastikreifen, 1 Zentimetermaß

Spielmöglichkeit:
Das Spiel wird nach Möglichkeit in der Turnhalle durchgeführt. Alle Kastanien liegen im Raum verteilt.
Die Kinder werden in 2–4 Gruppen aufgeteilt, je nach Teilnehmerzahl. Allerdings sollten die Gruppen nicht aus mehr als 4 Kindern bestehen.
Jede Gruppe erhält einen Gymnastikreifen, den sie auf den Boden legt.
Die Gruppen haben nun die Aufgabe, in einem bestimmten Zeitraum, zum Beispiel 3 Minuten, eine Pyramide aus Kastanien in den Reifen zu bauen. Die Erzieherin stoppt die Zeit. Wer schafft es, die höchste Pyramide zu bauen? Wer baut die breiteste Pyramide? Zum Messen der Pyramiden kann ein Zentimetermaß verwendet werden. Zum Schluss kann noch gezählt werden, wie viele Kastanien verbaut wurden.
Schließlich können alle Kinder gemeinsam eine Riesen-Pyramide bauen.

Spiele mit der Balkenwaage (Zählen und Wiegen) (ab 4 Jahren)

Material:
1 Balkenwaage, Materialschalen, die jeweils mit unterschiedlichen Herbstfrüchten gefüllt sind (z. B. Maiskörner, Kastanien, Eicheln, Haselnüsse, Bucheckern), 1 Holzbaustein, 1 Blatt Papier, 1 Stift

Spielmöglichkeit:
Die Kinder experimentieren mit der Balkenwaage und vergleichen dabei die Gewichte der einzelnen Herbstfrüchte. Die Erzieherin kann die Kinder im Vorfeld dazu ermuntern, Vermutungen anzustellen:
• Welche Früchte wiegen gleich viel, bzw. wie viele Früchte benötigt man, damit sie genauso viel wiegen wie zum Beispiel eine Kastanie? • Welche Frucht ist am schwersten? • Welche Frucht ist am leichtesten?
Zum Schluss wird der Holzbaustein in eine Waagschale gelegt. Die Kinder sollen nun herausfinden, wie viele der einzelnen Früchte notwendig sind, um auf das Gewicht des Holzbausteins zu kommen.
Die Erzieherin fertigt eine Liste auf einem Blatt Papier an. Dazu malt sie auf die linke Seite 5 Mal einen Baustein, jeweils untereinander. Wenn die Kinder gewogen haben, wie viele Kastanien zum Beispiel notwendig sind, um auf das Gewicht des Holzbausteins zu kommen, malen sie die entsprechende Anzahl der Kastanien neben den Holzbaustein.

Mathematische Grundübungen (3)

Die Eiche (Zahlen und Zählen) (ab 2 Jahren)

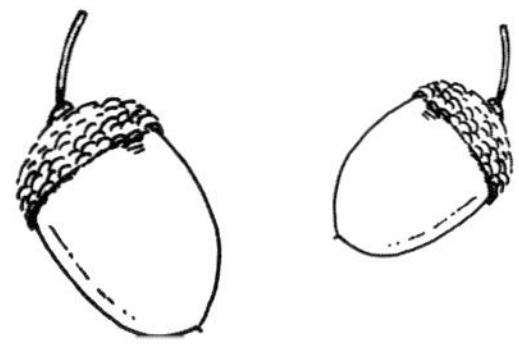

Material:
Vorlage „Die Eiche“ (s. S. 49), Materialschälchen mit genügend Eicheln, Laminiergerät und -folie, Buntstifte

Spielmöglichkeit:
Die Vorlage „Die Eiche“ wird kopiert und ausgemalt. Anschließend wird sie laminiert. Die Kinder haben die Aufgabe, die Eicheln auf die entsprechenden Felder der Eiche zu legen. Dabei liegt auf einem Ast 1 Eichel, auf dem anderen liegen 2 Eicheln usw.

Weiterführende Spielideen, auch für ältere Kinder:
Die Erzieherin gibt dem Kind die Anweisung, wo die Eichel liegen soll, zum Beispiel:
Lege die Eichel unter den Baum!
Lege die Eichel rechts neben den Baum!
Lege die Eichel auf den Zweig, auf dem 2 Eicheln abgebildet sind!
Lege die Eichel auf den Baumstamm! …

Kopiervorlage „Legeübung“

(Bitte hochkopieren.)

1

2
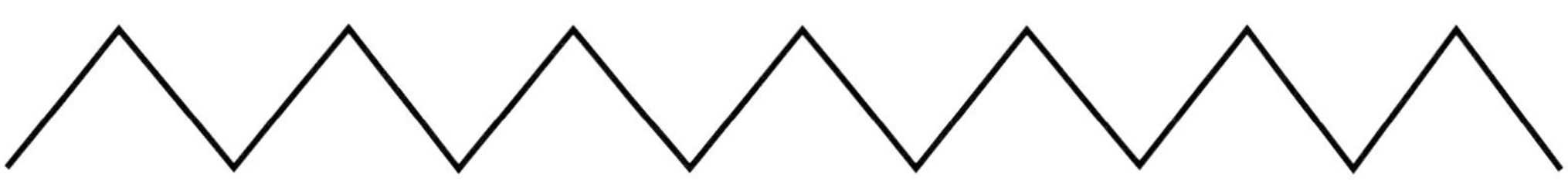

3
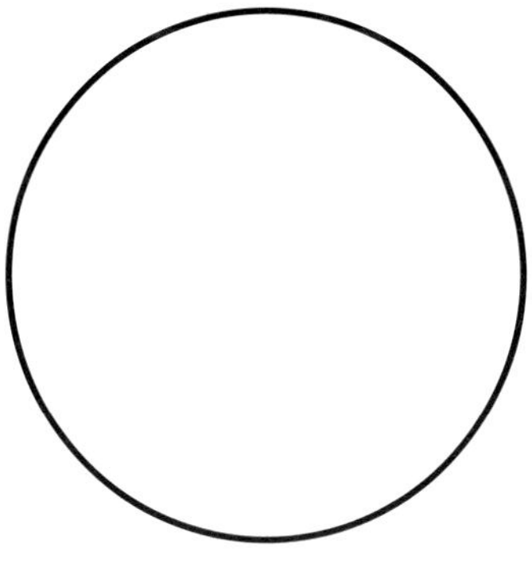

4

BVK KI22 • Jenny Hütter: Kita aktiv „Projektmappe Herbst“
BVK KI22 • Jenny Hütter: Kita aktiv „Projektmappe Herbst“

Kopiervorlage „Reihen vervollständigen“

1 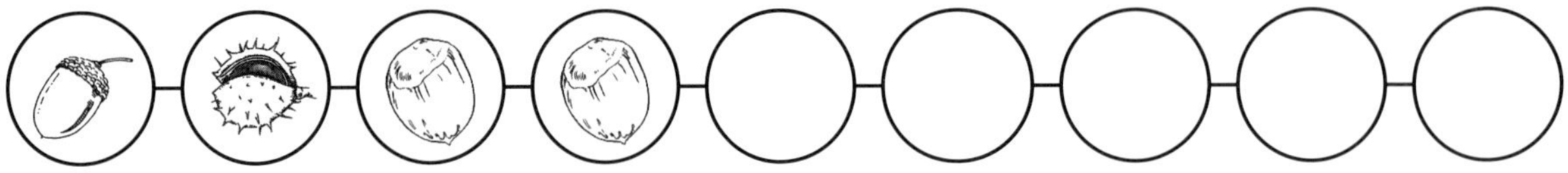

2 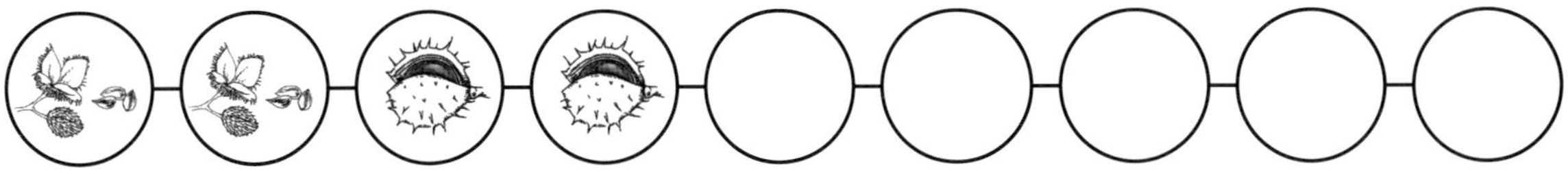

3 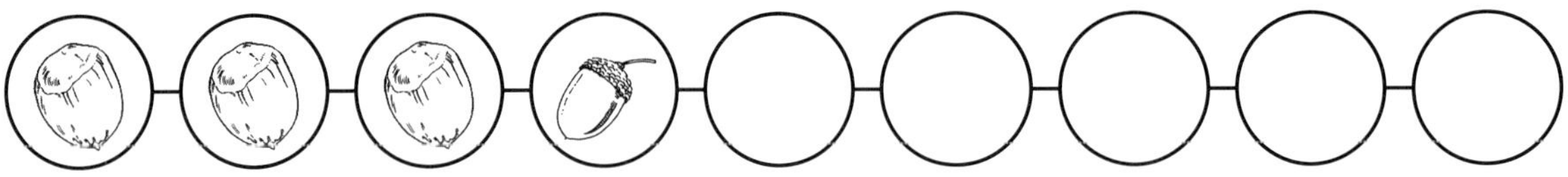

4 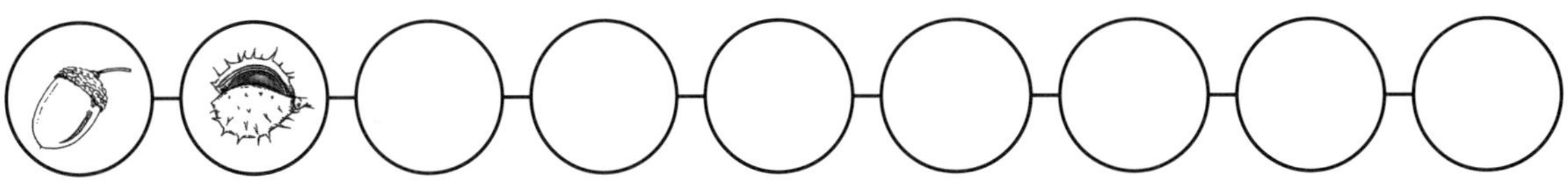

5 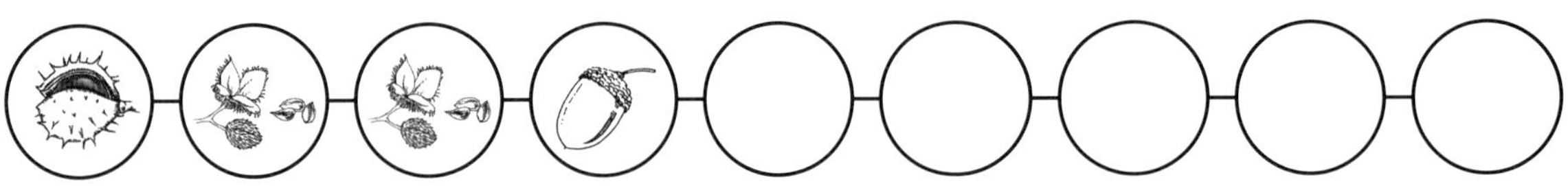

6 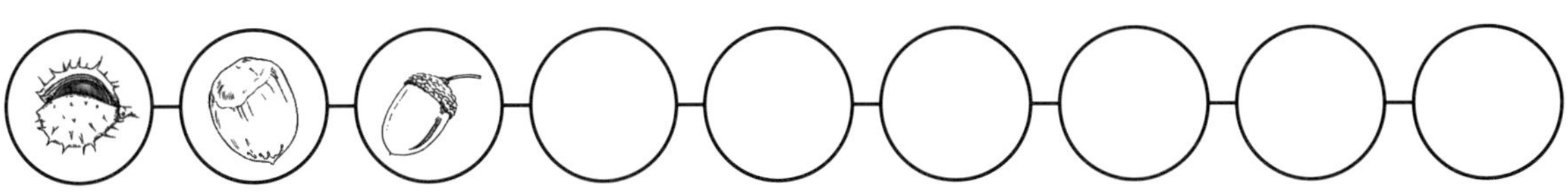

7 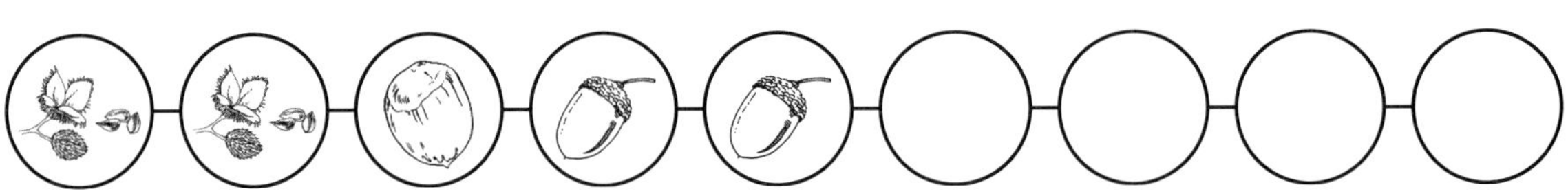

Kopiervorlage „Die Eiche“

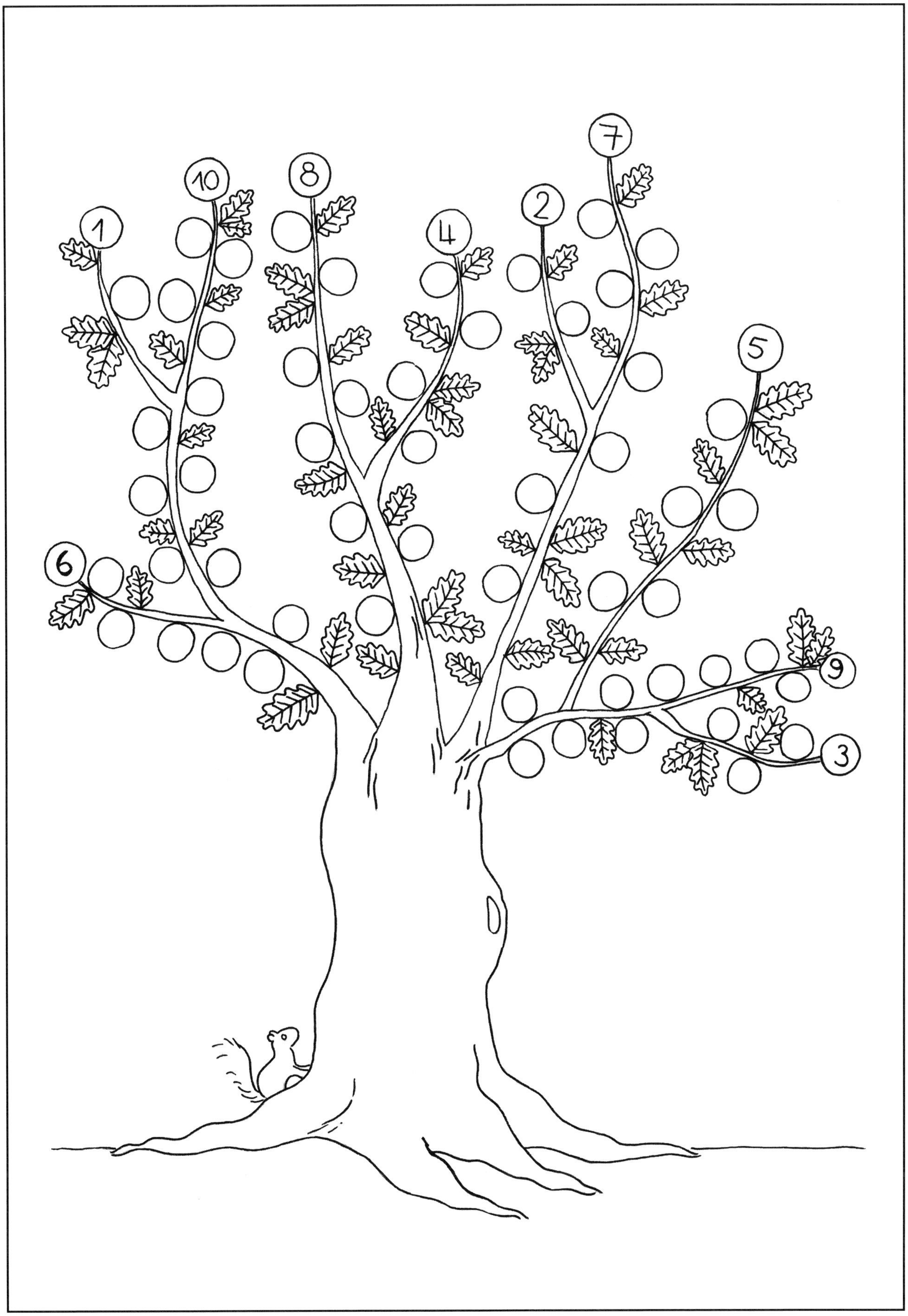

Wortgottesdienst „5 Brote und 2 Fische“ (1) (ab 3 Jahren)

Material:
CD-Player, Entspannungsmusik, Brotkorb mit 1 Brot, selbst gemalte Bilder der Kinder zum Thema „Danke sagen“, 1 Pinnwand, Heftzwecken, 1 großer gebastelter Fisch aus Pappe, Ausmalbild „5 Brote und 2 Fische“

Vorbereitung:
Die Kinder backen im Kindergarten gemeinsam ein Brot (Rezept dazu s. S. 40). Es wird ein großer Fisch aus Pappe gebastelt, der zu Beginn des Gottesdienstes an die Pinnwand geheftet wird.
Die Kinder malen auf kleinere Karten (10 x 10 cm), wofür sie „Danke“ sagen möchten (z. B. Essen, Trinken, Freunde, Eltern, Spielzeug ...). Diese Karten halten einige Kinder in der Hand. Während des Gottesdienstes werden diese Bilder an den Fisch geheftet.
Das Ausmalbild „5 Brote und 2 Fische“ auf Seite 51 wird für jedes Kind ein Mal kopiert. Der CD-Player und die Musik werden vorbereitet.

Eingangslied:
„Wo zwei oder drei in meinem Namen versammelt sind“ *(Text: Matthäus 18, 20; Melodie: Jesus-Bruderschaft, Gnadenthal; aus: Gotteslob – katholisches Gebet- und Gesangbuch für das Bistum Aachen, 031)*

Begrüßung durch die Gottesdienstleitung:
„Liebe Kinder, liebe Eltern, liebe Gemeinde. Wir haben uns heute hier versammelt, um gemeinsam unseren Gottesdienst zu feiern. Dazu möchte ich euch ganz herzlich begrüßen. In unserem Lied haben wir bereits gesungen ‚Wo zwei oder drei in meinem Namen versammelt sind ...‘. Auch wir haben uns heute hier versammelt, um an Gott zu denken, um etwas von ihm zu erfahren. Auch Jesus, Gottes Sohn, hat viele Menschen um sich herum versammelt, um ihnen von Gott zu erzählen. Von einer Geschichte, die bei einer solchen ‚Versammlung‘ geschehen ist, wollen wir heute in unserem Gottesdienst hören.“

Hinführung zum Thema – Meditation:
„Im Kindergarten haben die Kinder im Vorfeld bereits das Brot gebacken. Dieses Brot soll heute miteinander geteilt und gegessen werden.“
Es wird leise Entspannungsmusik eingeschaltet. Die Gottesdienstleitung geht mit dem Brotkorb herum, jeder bricht sich ein Stück Brot ab. Wenn alle etwas haben, kann es gegessen werden.
„Gott will uns damit sagen, er liebt uns, er ist für uns da, er sorgt für uns.“

Lesung:
Matthäus 14; 13–21

Lied:
„5 Brote und 2 Fische“ *(Text: Hans-Jürgen Netz, Eckart Bücken; Melodie: Christoph Lehmann; aus: Fünf Brote und zwei Fische, 1977, tvd-Verlag Düsseldorf)*

Vertiefung des Themas:
„Jetzt möchten wir Gott dafür ‚Danke‘ sagen, dass er immer für uns da ist und für uns sorgt. Die Kinder haben Bilder gemalt, die sie jetzt nacheinander nach vorn bringen, und sie werden uns erzählen, wofür sie ‚Danke‘ sagen möchten.“

Die Kinder kommen nacheinander nach vorn und heften ihr Bild an die Pinnwand. Schließlich sagen sie der Gemeinde, wofür sie Gott danken wollen. Danach sagt die ganze Gemeinde gemeinsam: „Herr, wir danken dir.“

Wortgottesdienst „5 Brote und 2 Fische“ (2) (ab 3 Jahren)

Gebet:
Vaterunser

Segen:
Schenke uns, barmherziger Herr,
stets genügend Nahrung.
Mögen die Bäume reichlich Früchte tragen,
und möge die Erde alles reifen lassen,
was der Sommer verspricht.
Mögest du alle Stürme und Hagelschauer
von uns abwenden.

Schlusslied:
„Gott, dein guter Segen“ *(Text und Melodie: Detlev Jöcker, in: Heut ist ein Tag, an dem ich singen kann; Menschenkinder Verlag 2009)*

Beim Hinausgehen bekommt jedes Kind ein Ausmalbild, das es zu Hause anmalen und aufhängen kann.

Ausmalbild „5 Brote und 2 Fische“

(Bitte hochkopieren.)

Die große Wald-Rallye (1) (ab 4 Jahren)

Material:

Klebepunkte
1. Spiel: 8 verschiedene Alltagsmaterialien wie zum Beispiel 1 Baustein, 1 Stück Kordel, 1 Spielzeugauto, 1 Stift, 1 Taschentuch, 1 Korken, 1 Bierdeckel, 1 Anspitzer
2. Spiel: 1 Körbchen oder Eimer für jedes Kind, Stoppuhr
4. Spiel: Augenbinden
5. Spiel: Becherlupe für jedes Kind
6. Spiel: 1 Zapfen für jedes Kind, 1 Eimer
8. Spiel: 10 Dosen, die mit Naturmaterialien (z. B. Kastanien, Erde, Tannennadeln, Blätter, kleine Äste, Steine, Ahornsamen, Bucheckern, Haselnüsse, Eicheln) gefüllt sind
11. Spiel: Naturmaterialien, zum Beispiel Steine, Blätter, Zapfen, Nüsse …
Für die Laufkarten: Kopiervorlage (s. S. 54), 1 Schere, Laminiergerät und -folie, 1 Locher, Kordel

Vorbereitung:

Im Vorfeld sollte ein Waldgebiet gefunden werden, das der Erzieherin bekannt ist. Die nachfolgenden Spiele werden so ausgewählt, dass sie zum betreffenden Gebiet passen. Evtl. müssen einige Spiele entsprechend geändert oder weggelassen werden. Die Erzieherin sollte sich darüber informieren, welche Pflanzen in dem entsprechenden Gebiet zu finden sind.
Die Kinder sollten festes Schuhwerk und wetterfeste Kleidung tragen.
Zu Spiel 8: Die Dosen werden mit verschiedenen Naturmaterialien gefüllt (z. B. Kastanien, Erde, Tannennadeln, Blätter, kleine Äste, Steine, Ahornsamen, Bucheckern, Haselnüsse, Eicheln).
Die Laufkarten (Kopiervorlage) werden kopiert und laminiert. Diese werden ausgeschnitten und im oberen Teil mit einem Loch versehen. Hier wird ein Stück Kordel hindurchgezogen und verknotet, sodass die Kinder ihre Karten um den Hals hängen können.

Ablauf:

Jedes Kind erhält eine Laufkarte, die es sich umhängt. An jeder Spielstation können Punkte gesammelt werden.

1. Was gehört nicht hierher?

Im Waldgebiet versteckt die Erzieherin 8 verschiedene Alltagsgegenstände. Alle Kinder laufen jetzt nacheinander (die Erzieherin läuft vornweg) durch das Waldgebiet und halten die Augen nach Gegenständen, die nicht in den Wald gehören, auf (während des Laufens darf niemand etwas sagen). Danach treffen sich alle im Kreis und jeder darf äußern, ob er etwas gesehen hat, das nicht in den Wald gehört. Für alle Gegenstände, die die Kinder benennen können, gibt es jeweils einen Punkt auf der Laufkarte.
Hinterher wird natürlich auch alles wieder eingesammelt, was nicht in den Wald gehört.

2. Wintervorräte sammeln

Jedes Kind erhält ein Körbchen. Die Kinder haben 2 Minuten Zeit, um so viele Wintervorräte wie möglich zu sammeln. Nach 2 Minuten kommen alle zusammen und jeder erzählt, was er gefunden hat. Gemeinsam wird überlegt, welche Tiere die gesammelten Materialien fressen. Anschließend zählt jedes Kind seine Anzahl an Vorräten.
Auf der Laufkarte erhält jeder die Anzahl an Punkten, die er an Vorräten gesammelt hat.
Danach sortieren alle Kinder gemeinsam die Vorräte (alle Kastanien in einen Eimer usw.).

3. Passt das wohl?

Die Erzieherin sucht einen großen Baumstumpf aus. Alle Kinder sollen nun einen Platz darauf finden. Dabei sollen sie sich gegenseitig helfen, denn einen Punkt für jeden gibt es nur, wenn auch tatsächlich alle einen Platz gefunden haben.

BVK KI22 • Jenny Hütter: Kita aktiv „Projektmappe Herbst"

Die große Wald-Rallye (2) (ab 4 Jahren)

4. Ich find dich wieder!
Ein Kind bekommt die Augen verbunden (je nach Anzahl der Betreuungspersonen können auch mehrere Kinder die Augen verbunden bekommen). Die Erzieherin führt das Kind zu einem Baum. Es darf diesen jetzt einige Zeit „befühlen“. Anschließend wird das Kind wieder zur Ausgangsposition zurückgeführt. Die Augenbinde wird abgenommen. Das Kind soll nun „seinen“ Baum wiederfinden. Einen Punkt auf der Laufkarte gibt es, wenn der Baum wiedererkannt wurde.

5. Was ist denn das?
An Baumstümpfen oder im Laub sucht jedes Kind ein kleines Krabbeltier für seine Becherlupe. Die Kinder treffen sich im Kreis und jedes Kind zeigt, was es für ein Tierchen gefunden hat. Vielleicht wissen die Kinder ja sogar den Namen des Tieres und / oder können etwas über das Tier erzählen. Einen Punkt gibt es für ein gefundenes Tier. Einen weiteren Punkt gibt es, wenn man den Namen des Tieres weiß.
Anschließend werden alle Tiere wieder freigelassen.

6. Zapfen-Zielwurf
Der Eimer mit den Zapfen wird an eine Markierung gestellt. Es wird ein Baum in etwa 3–5 m Entfernung (je nach Alter der Kinder) ausgesucht. Jedes Kind erhält einen Zapfen. Nacheinander versucht jedes Kind von der Markierung aus, mit seinem Zapfen den Baum zu treffen. Jeder Treffer ist ein Punkt auf der Laufkarte.

7. Finde ...!
Alle Kinder treffen sich im Kreis. Die Erzieherin gibt eine bestimmte Aufgabe, was die Kinder finden sollen. Jeder, der es findet, bekommt einen Punkt. Derjenige, der als Erster damit wieder zurückkommt, erhält zusätzlich einen Punkt. Aufgaben könnten beispielsweise sein: Finde etwas Hartes! Finde etwas Weiches! Finde etwas Spitzes! Finde etwas Rundes! Finde etwas Leichtes! Finde etwas Raues! Finde etwas Glattes!

8. Geräusche raten
Die Kinder kommen im Kreis zusammen. Alle sind ganz leise. Die Erzieherin rüttelt eine der Dosen.
Wer kann als Erster „erhören“, was sich in der Dose befindet? Einen Punkt bekommt derjenige, der es erraten hat.

9. Balancieren
Aufgabe ist es, über einen Baumstamm zu balancieren. Wer dies schafft, ohne herunterzufallen, erhält einen Punkt. Wahlweise kann das Spiel erschwert werden, indem die Kinder unterwegs etwas Bestimmtes aufheben und transportieren müssen.

10. Baumbestimmung
Alle stehen im Kreis. Die Erzieherin beschreibt einen Baum (Blattform und Farbe, Rinde, evtl. Früchte ...). Wer den Baum als Erster erkennt, bekommt einen Punkt. Kann das Kind zusätzlich noch benennen, wie der Baum heißt, gibt es einen Zusatzpunkt.

11. Merk dir was!
Alle Kinder sitzen oder stehen im Kreis. In diesem Kreis liegen einige Naturmaterialien (Steine, Blätter, Zapfen, Nüsse...). Die Kinder schauen sich alles gut an, dann schließen sie die Augen. Die Erzieherin verändert das Bild, indem sie etwas wegnimmt, etwas vertauscht oder etwas hinzufügt. Wenn die Kinder die Augen öffnen, versuchen sie herauszufinden, was verändert wurde. Es bekommt derjenige einen Punkt auf der Laufkarte, der benennen konnte, was verändert wurde. Der Schwierigkeitsgrad kann dem Alter der Kinder entsprechend verändert werden, indem mehrere Dinge vertauscht oder weggenommen werden.

BVK KI22 • Jenny Hütter: Kita aktiv „Projektmappe Herbst“

Kopiervorlage „Laufkarte“

Die Igelfamilie (ab 2 Jahren)

Material:
Kopiervorlage „Igel“ (s. u.), roter, blauer und gelber Fotokarton, 1 Schere, 1 Bleistift, Wäscheklammern in Rot, Blau und Gelb, Laminiergerät und -folie, 3 Körbchen

Vorbereitung:
Die Kopiervorlage „Igel“ hochkopieren und ausschneiden. Den Igel 1 Mal auf den blauen, 1 Mal auf den roten und 1 Mal auf den gelben Fotokarton übertragen. Die Igel werden laminiert und ausgeschnitten.

Spielmöglichkeit:
Die Wäscheklammern werden nach Farben sortiert und in die Körbchen gegeben. Die Kinder haben nun die Aufgabe, dem Igel Stacheln in der entsprechenden Farbe anzuheften.

Kopiervorlage „Igel“

(Bitte hochkopieren.)

BVK KI22 • Jenny Hütter: Kita aktiv „Projektmappe Herbst“

Male die Blätter bunt! (ab 4 Jahren)

Male immer die gleichen Blätter in derselben Farbe an!
Wie viele Blätter findest du von einer Sorte?
Wie heißen die Blätter?

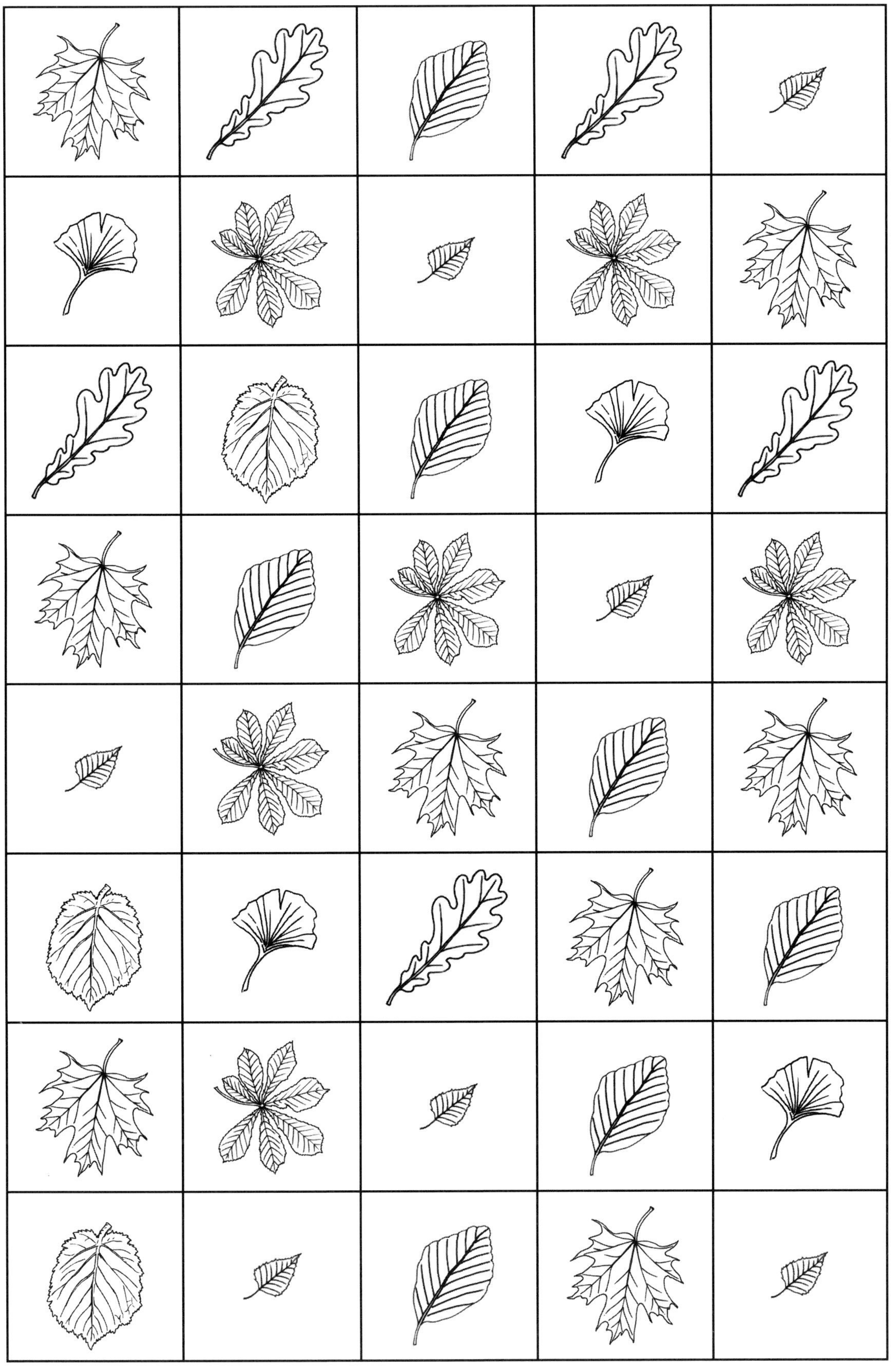

BVK KI22 • Jenny Hütter: Kita aktiv „Projektmappe Herbst"

Herbstfrüchte und ihre Hüllen (ab 4 Jahren)

Verbinde die Hüllen mit den dazugehörigen Früchten.

Wie heißen die Früchte?

Male sie in ihren natürlichen Farben an.

Walnuss

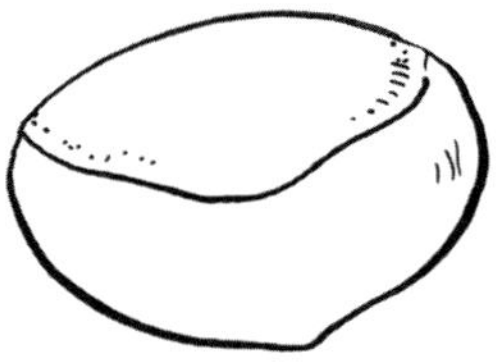

Buchecker

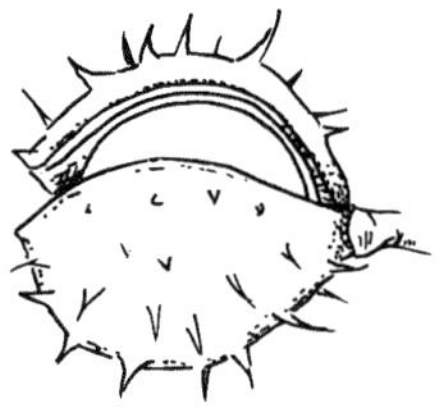

Kastanie

Sonnenblumenkern

Wie schmeckt der Herbst? (ab 3 Jahren)

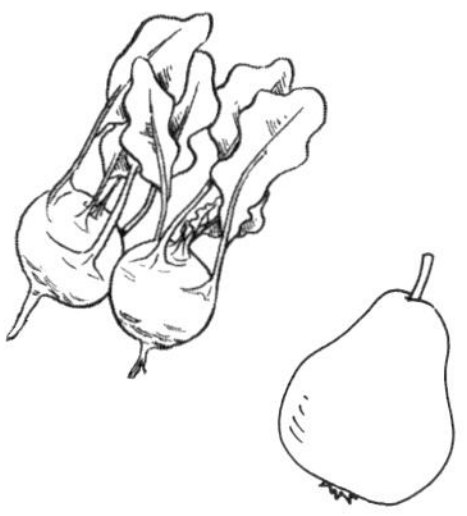

Material:
verschiedene saisonale Obst- und Gemüsesorten (am besten selbst geerntet), genauso viele Schälchen wie Obst- und Gemüsesorten, 1 Schneidebrett, 1 Messer, Papiertücher, 1 Augenbinde, 1 Löffel für jedes Kind

Spielmöglichkeit:
Das Obst und Gemüse wird in kleine Stücke geschnitten und auf die Schälchen verteilt. Bevor das Spiel beginnt, sollte die Erzieherin die einzelnen Obst- und Gemüsesorten mit den Kindern durchgehen und benennen. Die Kinder dürfen natürlich äußern, wenn sie etwas gar nicht mögen. Dies muss die Erzieherin im weiteren Spielverlauf berücksichtigen.
Ein Kind bekommt die Augen verbunden. Die Erzieherin nimmt ein Obst- oder Gemüsestück auf den Löffel und „füttert" das Kind damit. Kann es schmecken, worum es sich dabei handelt? Natürlich dürfen bei diesem Spiel mehrere Sorten „erschmeckt" werden.

Fühlst du den Herbst? (ab 3 Jahren)

Material:
1 Kastanie, 1 Haselnuss, 1 Walnuss, 1 Eichel, 1 Stein, 1 Kiefernzapfen, 1 Maiskolben, 1 Getreideähre, 1 Apfel, 1 Birne, 1 Pflaume, 1 großes Tuch

Spielmöglichkeit:
Die Herbstfrüchte liegen auf dem Boden unter einem Tuch. Die Kinder setzen sich um das Tuch herum. Jeweils ein Kind darf an das Tuch heranrücken und durch das Tuch hindurch einen Gegenstand befühlen. Es darf eine Vermutung äußern, was sich da unter dem Tuch befindet. Anschließend nimmt es den Gegenstand vorsichtig heraus (aber bitte so, dass die anderen Kinder nicht erkennen können, was sich sonst noch unter dem Tuch befindet), um zu schauen, ob die Vermutung stimmt.

Hinweis:
Dieses Spiel ist ein schöner Einstieg für Stuhlkreise oder größere Spielaktionen zum Thema „Herbst".

BVK KI22 • Jenny Hütter: Kita aktiv „Projektmappe Herbst"

Bewegungslandschaft „Im Herbst“ (1) (ab 2 Jahren)

Material:

1. Mühlradhüpfen:	1 Seil
2. Die Nüsse fallen vom Baum:	1 Seil zum Schwingen, 1 großer Kasten, 1 Trampolin, 2 Weichbodenmatten, 2 Matten zum Absichern
3. Kastanien-Kullerbahn:	1 Kiste mit Kastanien, unterschiedlich große und lange Röhren, Material, um eine schiefe Ebene zu bauen (z. B. kleiner Kasten, Sprossenwand ...)
4. Vorräte sammeln:	1 Hängematte, Kastanien, Haselnüsse, Eicheln, 3 Schälchen
5. Erntehelfer:	1 Zahlenwürfel mit den Zahlen von 1–3, 1 Farbwürfel, Sandsäckchen, Kronkorken, Klebeknete, Sprossenwand, 1 Rollbrett, 4 Pylonen, Klebepunkte in Rot, Grün und Braun, Getreidekörner, 1 Pinzette, 6 Reifen, 1 Langbank, 1 Blatt, Buntstifte, 1 Weichbodenmatte, 1 kleiner Löffel

Vorbereitung:

2. Die Nüsse fallen vom Baum:	Das stabile Seil wird in die Deckenhalterung gehakt. Der große Kasten wird längs zum Seil, im Abstand von etwa 1,5 m, aufgestellt. Neben den Kasten werden die Matten zum Absichern gelegt. Das Trampolin wird als Aufstiegshilfe dahintergestellt. Die beiden Weichbodenmatten werden vor den Kasten gelegt (hintereinander). Das Seil hängt jetzt über den Matten.
3. Kastanien-Kullerbahn:	Aus Kästen und Sprossenwand o. Ä. wird eine schiefe Ebene gebaut. Die Röhren werden daran aufgestellt. Die Kiste mit den Kastanien steht daneben.
4. Vorräte sammeln:	Die Hängematte wird aufgehängt. Die Nüsse werden großräumig darunter verteilt. Die Schälchen werden in Wurfweite nebeneinander aufgestellt.
5. Erntehelfer:	Die Langbank wird in den Raum gestellt. Einen Teil der Sandsäckchen um die Bank herum verteilen (Möhren). Die Klebepunkte werden auf die Kronkorken geklebt. Die roten und grünen Kronkorken werden mit Klebeknete an der Sprossenwand befestigt (in unterschiedlichen Höhen – dies sind die Äpfel und Birnen). Mit der Matte wird die Sprossenwand abgesichert. Aus 4 Pylonen wird eine Hindernisfahrt für das Rollbrett aufgebaut. Die restlichen Sandsäckchen werden um die Pylonen herum verteilt (Kürbisse). 5 Reifen werden in den Raum gelegt und mit einer unterschiedlichen Anzahl von Getreidekörnern bestückt. Die Pinzette liegt in einem der Reifen. Der letzte Reifen ist die Erntestation, er wird zusammen mit den beiden Würfeln und dem Löffel in eine Raumecke gelegt. Es wird ein Plakat vorbereitet, anhand dessen die Kinder sehen können, welche Farbe für welche Ernte steht (z. B. Orange für die Möhrenernte, Rot für die Apfelernte, Grün für die Birnenernte, Gelb für die Kürbisernte, Dunkelbraun für die Kastanienernte und Hellbraun für die Getreidekörnerernte). Natürlich können die Farben beliebig zugeordnet werden. Die Kronkorken mit dem braunen Klebepunkt (Kastanien) werden über den gesamten Parcours verteilt (ein Teil der Kronkorken wird mit Klebeknete an die Sprossenwand geklebt).

Spielmöglichkeit:

1. Mühlradhüpfen:
Ein Kind nimmt ein Ende des Seils in die Hand und beginnt damit, es knapp über dem Boden um sich herum zu drehen. Das zweite Kind versucht, über das drehende Seil zu springen. Es bleibt dabei an seinem Platz stehen und springt immer dann hoch, wenn das Seil zu seiner Position kommt. Jeder Sprung über das Mühlrad wird laut gezählt. Wird das Mühlrad berührt, hält es an und der nächste Spieler ist an der Reihe.

BVK KI22 • Jenny Hütter: Kita aktiv „Projektmappe Herbst“

Bewegungslandschaft „Im Herbst“ (2) (ab 2 Jahren)

Natürlich muss das Kind mit dem Seil auch regelmäßig wechseln. Wer schafft die meisten Sprünge über das Mühlrad? Mit ein bisschen Übung können auch mehrere Kinder gleichzeitig über das Mühlrad hüpfen, indem sie sich kreisförmig um das Kind mit dem Seil herumstellen.

Hinweis:
Zu diesem Spiel können die Kinder das Lied „Meine Mühle, die braucht Wind“ (s. S. 26) singen.
Für unter 3-Jährige kann das Spiel vereinfacht werden: Das Seilchen wird mit der unteren Sprosse der Sprossenwand verknotet.
Die Erzieherin schwingt es langsam über den Boden. Die Kinder versuchen, darüber zu springen.

2. Die Nüsse fallen vom Baum:
Das Kind springt auf das Trampolin, hüpft oder klettert auf den großen Kasten und schwingt sich am Seil auf die Matte.

3. Kastanien-Kullerbahn:
Die Kinder lassen die Kastanien durch die unterschiedlichen Röhren kullern. Sie experimentieren dabei mit der unterschiedlichen Röhrenlänge, bzw. damit, wie schräg die Röhre hingelegt wurde.
Die Kastanien werden natürlich immer wieder eingesammelt und in die Kiste zurückgelegt.

4. Vorräte sammeln:
Das Kind ist das Eichhörnchen, das Nüsse für den Winter sammeln möchte. Es legt sich in Bauchlage auf die Hängematte mit Blickrichtung zu den drei Schälchen. Es schaukelt los. Dabei darf natürlich auch ein anderes Kind behilflich sein. Während des Schaukelns werden die Nüsse und Kastanien eingesammelt. Das Kind versucht, diese in die Schälchen zu werfen. Die älteren Kinder können versuchen, dabei die Nüsse noch zu sortieren.

Bewegungslandschaft „Im Herbst" (3) (ab 2 Jahren)

5. Erntehelfer:

Bei diesem Spiel haben die Kinder die Aufgabe, eine bestimmte Ernte einzuholen. Der Zahlenwürfel bestimmt, wie viel geerntet wird. Der Farbwürfel gibt an, was geerntet wird. Die Ernte wird in dem Reifen „Erntestation" gesammelt. Zwischendurch legt die Erzieherin die „geernteten Sachen" wieder zurück in den Parcours. Geerntet wird folgendermaßen:

- Möhren (z. B. Orange) – Die Kinder ziehen sich bäuchlings über die Langbank und sammeln dabei die entsprechende Anzahl an Möhren ein. Diese können beliebig transportiert werden.

- Apfel (z. B. Rot) und Birne (z. B. Grün) – Die Kinder klettern die Sprossenwand hinauf und sammeln das entsprechende Obst.

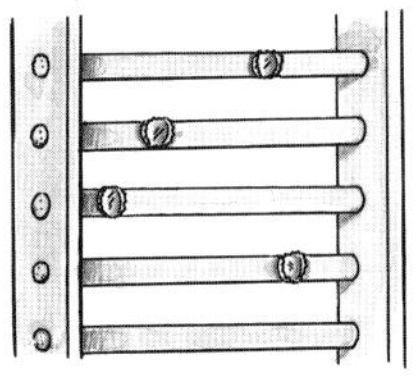

- Kürbis (z. B. Gelb) – Die Kinder legen sich bäuchlings auf das Rollbrett (Achtung: Lange Haare bitte zusammenbinden!) und fahren im Slalom durch die Pylonen. Dabei werden die Kürbisse eingesammelt und auf dem Rücken transportiert.

- Getreide (z. B. Hellbraun) – Die Getreidekörner werden einzeln mit der Pinzette aufgehoben und zur Erntestation transportiert.

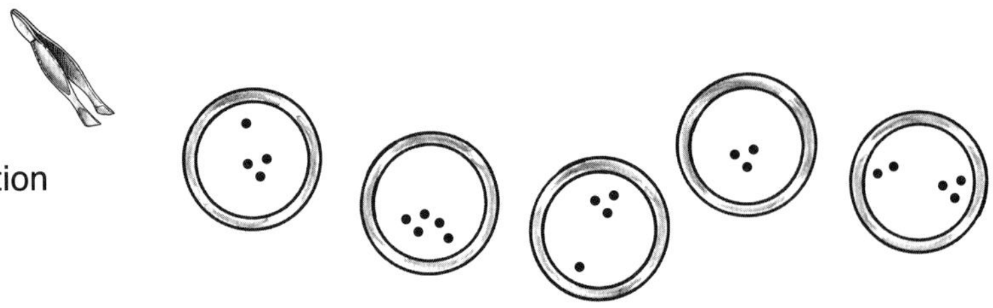

- Kastanien (z. B. Dunkelbraun) – Die Kastanien werden einzeln, auf dem Löffel balancierend, geerntet und zur Erntestation gebracht.

Bewegungsgeschichte „Familie Müller im Wald“ (ab 4 Jahren)

Material:
12 Stühle

Vorbereitung:
6 Stühle werden in eine Reihe gestellt. Die anderen werden dahintergestellt, sodass die Stühle Lehne an Lehne stehen.

Spielmöglichkeit:
In einer Reihe sitzen 6 Kinder **(Familie Müller):**

1. Stuhl – Papa Müller	4. Stuhl – Franz Müller
2. Stuhl – Mama Müller	5. Stuhl – Oma Müller
3. Stuhl – Anne Müller	6. Stuhl – Opa Müller

In der anderen Reihe sitzen ebenfalls 6 Kinder **(Waldtiere):**

1. Stuhl – Eichhörnchen	4. Stuhl – Igel
2. Stuhl – Vogel (Specht)	5. Stuhl – Ente
3. Stuhl – Wildschwein	6. Stuhl – Maus

Die Erzieherin liest die Geschichte vor. Sobald eine Person bzw. ein Tier genannt wird, springt das betreffende Kind von seinem Stuhl auf, läuft einmal um die Stuhlreihe herum und setzt sich wieder auf seinen Platz. Wird die Familie Müller erwähnt, laufen alle Familienmitglieder einmal um die Stuhlreihe herum. Wird der Wald genannt, so rennen die Waldtiere einmal um die Stuhlreihe herum. Die Kinder müssen bei der Geschichte schnell reagieren. Die Erzieherin macht beim Vorlesen an den betreffenden Stellen eine kleine Pause, bis das Kind bzw. die Kinder wieder an seinem / ihren Platz / Plätzen sitzt / sitzen.

Geschichte:
Familie Müller macht heute einen **Wald**-Spaziergang.
Zur **Familie Müller** gehören **Papa Müller, Mama Müller,** die Kinder **Anne** und **Franz, Oma** und **Opa Müller.** Sie wollen als Erstes zum Teich am **Waldrand** gehen, um die **Enten** zu füttern. **Anne** und **Franz** warten schon seit Tagen darauf, endlich die **Enten** füttern zu können. Sie haben **Oma** und **Opa** überredet, ganz viel Brot dafür zu sammeln. Als sie unterwegs sind, hört **Familie Müller** auf einmal eine kleine **Maus** piepsen. Alle bleiben stehen und lauschen – ja, da sehen sie auch die kleine **Maus,** die da vor ihnen über den Weg huscht. **Familie Müller** geht weiter und sieht auch schon die ersten Bäume des **Waldes** vor sich. Die Familie ist ganz leise und kann deshalb auch die **Vögel** rufen hören – da, ein **Specht** mit seinem typischen Klopfen. Und die **Enten** auf dem Teich mit ihrem lauten Geschnatter. **Oma** und **Opa** packen das Brot aus, das **Anne** und **Franz** an die **Enten** verfüttern wollen. **Mama** und **Papa** brechen kleine Brotstücke ab. **Oma, Opa, Mama, Papa, Anne** und **Franz** werfen den **Enten** Brotkrumen zu. Die kleine **Maus** kommt angerannt und stibitzt ein heruntergefallenes Stückchen Brot. Dann geht **Familie Müller** weiter zum **Wald.** Währenddessen kommt der **Igel** heraus und frisst die Brotkrumen, die noch am Teichrand liegen, auf. Im **Wald** kann **Familie Müller** das Klopfen des **Spechtes** noch viel besser hören. Alle sind ganz leise. Hoch oben im Baum hüpft das **Eichhörnchen** von Ast zu Ast. Aus dem dichten Gehölz hört man auf einmal das Grunzen eines **Wildschweins.** „Oh nein“, ruft **Papa Müller,** „lauft schnell weg, bevor das **Wildschwein** uns sieht!“
Oma, Opa, Mama, Papa, Anne und **Franz** laufen so schnell sie können aus dem **Wald** heraus, vorbei an **Eichhörnchen** und **Igel.** Das **Wildschwein** hat durch das plötzliche Getöse einen solchen Schreck bekommen, dass es ganz schnell tiefer in den **Wald** hinein geflüchtet ist. „Puh, das war aber ein Erlebnis-**Wald**spaziergang“, sagt **Franz** zu seiner Schwester **Anne.**

BVK KI22 • Jenny Hütter: Kita aktiv „Projektmappe Herbst“

Turnen mit Herbstfrüchten (ab 2 Jahren)

Material:
Kastanien, Eicheln, Haselnüsse, Walnusshälften, 1 Stoppuhr, CD-Spieler, CD mit Bewegungsliedern, Papiertuch und Band, 4 Kisten

Spielmöglichkeiten (in der Turnhalle):
Der Beginn der Turnstunde kann als kleines Rätsel gestaltet werden (z. B. mit dem Spiel „Fühlst du den Herbst?", s. S. 57).
Als Nächstes dürfen die Kinder frei mit den Herbstfrüchten experimentieren (z. B. rollen, mit verschiedenen Körperteilen transportieren, werfen und fangen, bauen ...). Der Fantasie der Kinder sind dabei keine Grenzen gesetzt.

Anschließend können verschiedene Spiele angeboten werden:

- Es werden 2 Mannschaften gebildet: Beide Mannschaften stapeln so viele Walnusshälften aufeinander, wie sie schaffen. Wer hat nach 1 Minute den höchsten Turm gebaut?

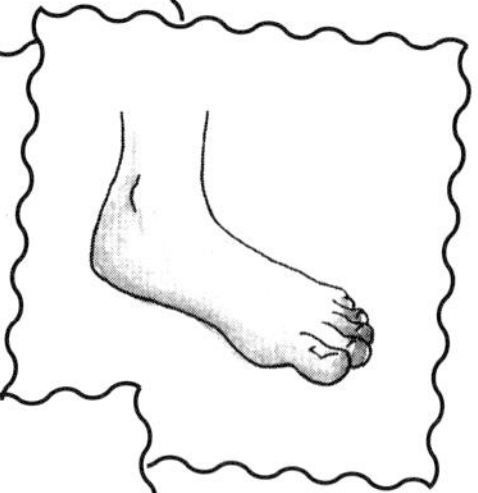

- Die Kinder überlegen sich Körperteile, mit oder auf denen sie die Früchte transportieren können (auf dem Kopf, auf dem Rücken, auf der Schulter, mit dem Fuß ...). Ein Kind macht etwas vor, die anderen machen es nach.

- Die Herbstfrüchte werden auf dem Boden verteilt. Wenn die Musik startet, laufen alle Kinder durch den Raum und dürfen die Früchte dabei nicht berühren. Bei Musikstopp erfüllen die Kinder eine bestimmte Aufgabe, zum Beispiel mit der Nase eine Kastanie berühren, sich neben eine Walnuss setzen, 3 Haselnüsse aufsammeln, mit der Schulter eine Eichel berühren ... Die Kinder dürfen ebenfalls Ideen äußern, welche Aufgabe als Nächstes zu erfüllen ist.

- Alle Kinder sitzen im Kreis. Ein Kind betritt mit einer Eichel in der Hand die Kreismitte. Ein anderes Kind steht außerhalb des Kreises. Alle Kinder im Kreis halten die Hände wie zum Gebet, allerdings leicht geöffnet. Gemeinsam singen alle: „Eichel, Eichel, du musst wandern, von der einen Hand zur andern. Oh wie herrlich, oh wie schön, Eichel lass dich nur nicht sehn" (nach der bekannten Melodie „Ringlein, Ringlein, du musst wandern"). Das Kind mit der Eichel hält seine Hände ebenfalls wie zum Gebet. Während des Liedes geht das Kind im Kreis herum und zieht seine Hände einmal durch die Hände der Spieler im Kreis. Nur bei einem Spieler lässt es, möglichst unauffällig, die Eichel zurück. Nach dem Lied muss der Spieler, der außerhalb steht, erraten, bei wem die Eichel gelandet ist.

- Das bekannte Spiel „Plumpsack" wird mit einer von einem Papiertuch umhüllten Kastanie gespielt.

- Zum Abschluss des „Turnens mit Herbstfrüchten" wird das lustige Aufräumspiel gespielt. Dazu werden 4 gleich große Mannschaften gebildet. Jede Mannschaft bekommt eine Kiste und eine Herbstfrucht zugeordnet. Auf ein vorher vereinbartes Kommando geht es los. Welche Mannschaft kann ihre Herbstfrüchte als Erstes komplett einsammeln?

Möhrenziehen (ab 3 Jahren)

Material:

–

Spielmöglichkeit:

Alle Kinder legen sich in einem Kreis auf den Bauch, möglichst dicht beieinander, bis auf eins.

Die Kinder im Kreis (die Möhren) haken ihre Arme gegenseitig unter und halten sich dadurch gut fest.

Das Kind, welches nicht bei den anderen im Kreis liegt, ist der Gärtner. Er hat die Aufgabe, die Möhren zu ernten. Dafür fasst er eines der Möhrenkinder an den Füßen und versucht, es aus der Erde zu ziehen. Die Möhren versuchen natürlich, sich gegenseitig in der Erde zu halten. Der Gärtner darf die Möhren nicht plötzlich loslassen! Die Beine sollten nach dem „Ernten“ **vorsichtig** auf den Boden gelegt werden.

Hat der Gärtner eine Möhre aus der Erde ziehen können, so darf dieses Kind dem Gärtner helfen, die nächsten Möhren zu ernten.

Das Spiel geht so lange, bis alle Möhren geerntet wurden oder die Gärtner aufgeben.

Die Zaubernuss (ab 4 Jahren)

Material:

1 Materialschälchen für jedes Kind, viele Haselnüsse

Spielmöglichkeit:

Alle Nüsse werden in die Mitte gelegt. Jedes Kind stellt ein Materialschälchen vor sich hin. Aufgabe ist es, als Erster an 10 Nüsse zu gelangen.

Ein Kind beginnt und schließt die Augen bzw. dreht sich herum.

Sein rechter Nachbar tippt auf eine Nuss und sagt: „1, 2, Zauberei“. Damit ist diese Nuss verzaubert.

Das Kind dreht sich wieder herum und darf nun langsam eine Nuss nach der anderen aus der Mitte nehmen und in sein Schälchen legen. Wenn es allerdings an die verzauberte Nuss gerät, rufen alle: „Zaubernuss!“ Das Kind muss diese Nuss wieder in die Mitte legen und eine Nuss aus seinem Schälchen ebenfalls wieder in die Mitte geben.

Es dürfen pro Runde maximal 3 Nüsse gesammelt werden, dann ist der nächste Spieler an der Reihe.

Gelingt es dem Kind, 3 Nüsse zu sammeln, ohne an die Zaubernuss zu geraten, so muss keine Nuss aus dem Vorrat in die Mitte gelegt werden.

Wer als Erster 10 Nüsse gesammelt hat, ist Sieger des Spiels.

BVK KI22 • Jenny Hütter: Kita aktiv „Projektmappe Herbst“

Rückenmassage „Vom Korn zum Brot“ (ab 3 Jahren)

Material:
1 Decke oder Matte für jedes Kind, 1 Vase mit Getreideähren

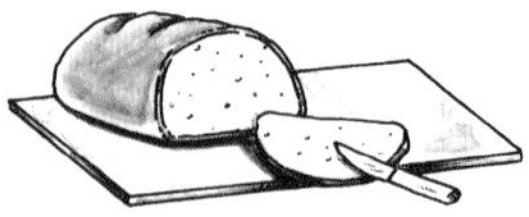

Spielmöglichkeit:
Die Matten liegen kreisförmig um die Vase herum. Immer zwei Kinder bilden ein Pärchen. Eines legt sich mit dem Bauch auf die Matte, das andere Kind massiert den Rücken. Nach dem ersten Durchgang wird natürlich getauscht.
Achtung! Mit dem Rücken des Partners muss vorsichtig umgegangen werden! Es darf nicht auf der Wirbelsäule massiert werden.

Vorlesetext	Bewegungen
Im Frühling lockert der Bauer den Boden für die bevorstehende Aussaat. Mit dem Pflug wird die Erde richtig schön gelockert.	*mit den Händen den Rücken kneten*
Mit der Sämaschine zieht der Bauer Furchen in die Erde.	*mit den Zeigefingern links und rechts neben der Wirbelsäule eine Linie malen*
Die Samenkörner fallen in diese Furchen hinein und werden mit Erde bedeckt.	*mit den Fingern leicht über den Rücken tippeln, beide Handflächen auf den Rücken legen*
Der Regen versorgt die Samen mit Feuchtigkeit.	*die Finger tippeln wieder über den Rücken, dieses Mal etwas kräftiger*
Auch die Sonne hilft dem Getreide beim Wachsen.	*mit den Handflächen einen Kreis malen*
Wenn im Herbst das Getreide reif ist, kommt der Bauer mit der Erntemaschine, die die Getreidehalme abschneidet.	*die Handflächen fahren zunächst abwärts über eine Rückenseite, auf der anderen Rückenseite wieder hinauf*
Die Ähren werden vom Halm getrennt und die Körner in den Anhänger geschüttet.	*mit den Händen längsseits (neben der Wirbelsäule) über den Rücken fahren*
Diese werden jetzt zur Mühle gebracht. Die Mühle mahlt die Getreidekörner zu Mehl.	*mit den Fäusten Rollbewegungen über den Rücken machen*
Das Mehl wird in Säcke gefüllt und zum Bäcker gebracht.	*die Handfläche tapst über den Rücken*
Aus dem Mehl backt der Bäcker ein leckeres Brot für unser Frühstück.	*mit den Händen den Brotteig kneten, anschließend beide Hände einen Moment auf dem Rücken ruhen lassen*

BVK KI22 • Jenny Hütter: Kita aktiv „Projektmappe Herbst“